学校と保護者の
関係づくりをめざす
クレーム問題

セカンドステージの
保護者からのクレーム対応

古川 治 編著

教育出版

編著者・執筆者一覧

■編著者

古川　治　　甲南大学教職教育センター特任教授

■執筆者（執筆順）

古川　治	上掲	1章・12章
山岡賢三	大阪樟蔭学園英語教育センターコーディネーター	2章
坂出純子	鳥取県倉吉市立河北小学校校長	3章
楠　凡之	北九州市立大学文学部教授	4章
岩切昌宏	大阪教育大学学校危機メンタルサポートセンター准教授	5章
関根眞一	メデュケーション㈱代表　苦情・クレーム対応アドバイザー	6章
新井　肇	兵庫教育大学大学院教授	7章
佐藤晴雄	日本大学文理学部教授	8章
仲尾久美	大阪府立桜塚高等学校(定時制)教諭	9章・10章
西尾隆司	大阪府豊中市教育委員会理事	11章
渕上克義	岡山大学大学院教授	13章
小野田正利	大阪大学大学院教授	14章
和井田節子	共栄大学教育学部教授	コラム

（所属は2013年3月現在）

まえがき

　本著は，2011（平成23）年という時期に学校における保護者対応がどのような厳しい状況を迎えているのか，その実態を把握するとともに，今後教育委員会や学校・教師が取り組むべき保護者のクレーム対応に関する課題を明らかにし，その指針として活用できることを目的にハンドブック的にまとめた著作である。

　その基礎になったのは，2011（平成23）年という時期に学校における保護者対応に関する全国調査結果（「新・学校保護者研究会」による「保護者—学校間の困難状況解決のためのサポート体制構築に関する学際的・総合的研究」 代表・小野田正利 2009～2012年度 独立行政法人日本学術振興会 科学研究費補助金・基盤研究—A）の研究結果である。

　本著の執筆に当たっては，1990年代中頃の「学校問題」の発生から現在に至るまでの状況や学校の保護者対応の実態について問題提起をし続けてこられた小野田正利（大阪大学大学院教授），企業・医療・福祉・教育など各領域の苦情の実態を総合的に調査し『日本苦情白書』として発表された関根眞一（メデュケーション株式会社代表）など，「新・学校保護者研究会」の共同研究者の方々の貴重な研究成果を踏まえたものである。

　また本著は，教育委員会をはじめ，それぞれの専門の立場から共同研究に参加された先生方にご執筆いただいた。ご多忙にもかかわらず，お引き受けいただいた先生方に感謝とお礼を申し上げる。

　この著作が，学校現場の教師，教育委員会，教職を志望する学生諸君をはじめとして教育関係者に広く読まれ，今後の「学校と保護者との良好な関係づくり」の一助になれば，これに過ぎる喜びはない。

　　2012（平成24）年12月

　　　　　　　　　　　　　　　　　　　　　　　　　　　　古川　治

目　次

まえがき

1章　保護者からの学校へのクレームの現状 …………… 1
　1．学校問題の発生
　2．学校現場におけるクレーム問題の実態
　3．今後取り組むべき課題
　コラム①　無関心に見える保護者への対応

2章　保護者からのクレームの真意をつかむ …………… 22
　1．はじめに　　　　　　　　　2．教師が心を開く
　3．保護者の抱える背景を探る　4．保護者の視点を受け入れる
　5．保護者の立場に立つ　　　　6．初期対応を大切に
　7．事例分析　　　　　　　　　8．まとめ
　コラム②　チームで対応する

3章　学校管理職のクレーム対応への姿勢 …………… 35
　1．本題に入る前に　　　　　　2．河北小学校の校長として
　3．校長としての基本姿勢　　　4．わかり合うために
　5．学校自慢　　　　　　　　　6．悩み3秒
　コラム③　複数で保護者に会う

4章　気になる保護者からのクレーム対応 …………… 50
　1．はじめに―「気になる保護者」とは
　2．「気になる保護者」と発達障害
　3．「気になる保護者」と過去の傷つきや「未処理の葛藤」の問題
　4．「気になる保護者」とパーソナリティ障害
　5．「気になる保護者」に対する理解と対応の課題
　コラム④　問題解決に向かう話し合いにするために

5章　発達障害を抱える子どもの親のクレーム対応 …………… 62
　1．発達障害を抱える子どもの現状と課題
　2．保護者との対応
　コラム⑤　解決策を見つけるために

6章　教師の考え違いと未熟な話法 …………… 71
　1．考え違いをしている　　　　2．会話

7章　保護者との対応で燃え尽きないために …………… 87
　1．はじめに
　2．教師をめぐる状況
　3．教師の燃え尽き現象（バーンアウト）
　4．保護者対応で燃え尽きないために
　　　―対応の難しい事例から考える―
　5．信頼関係に基づく保護者との連携を築くためには
　コラム⑥　頻繁にクレーム寄せる保護者への対応

8章　保護者の学校参加の現状と関係づくり ……………………………………… 99
　1．はじめに
　2．保護者による学校参加
　3．保護者の学校参加とクレームの関係
　4．保護者問題の質的実態
　5．しつけをめぐる保護者と教師の意識
　　　―家庭のしつけと学校の生活指導に対する認識比較―
　6．学校参加をめぐる課題 ―提言として―
9章　保護者とよい関係をつくる ……………………………………………………… 112
　1．保護者―その実態とは
　2．保護者とよい関係をつくるには
10章　クレーム対応校内研修の進め方 ……………………………………………… 124
　1．校内研修の企画
　2．実際の研修内容
11章　学校問題解決支援事業の取組みと効果 …………………………………… 136
12章　若い先生の保護者対応力の育成とスキルアップ ………………………… 148
　1．直面する過程でクレーム対応の知識とスキルアップを図る
　2．教師はクレーム要求が起こる前提と真意を知っておくこと
　3．教師を困らせる保護者のタイプ
　4．保護者対応の実際と対応のポイント
　5．おわりに
　　コラム⑦　面接は最初が肝心
13章　職場の人間関係と仲間づくり ………………………………………………… 165
　1．教師が誇りをもちながら，仕事に専念できる職場環境の必要性
　2．保護者のクレームへの組織的対応
　3．保護者対応に対する管理職の姿勢とリーダーシップ
　4．まとめとして―管理職と教師集団の連携に向けて―
　　コラム⑧　もめごとから学べること
14章　学校・教職員と保護者間トラブル問題の今後の展望 …………………… 174
　1．はじめに
　2．コミュニケーションと当事者能力
　3．目の前30センチの「敵」
　4．訴訟保険加入者の増加
　5．安物買いの銭失いが消えゆく中で
　6．一般企業は，苦情はあって当たり前
　7．人が人相手に行う労働は常に一定ではない
　8．「名指し」で個人が責められるつらさ
　9．スイッチが入ったままのつらさ
　10．複数の子どもが介在しているというつらさ
　11．不安感は増し，多様な局面が広がりつつある

v

1章　保護者からの学校へのクレームの現状

甲南大学　古川　治

1．学校問題の発生

(1) 学校はゴミ箱，教師はサンドバッグ

　2010（平成22）年前後から変化してきた学校現場におけるクレーム対応の新たな状況を「セカンドステージの時代」と位置づけた。本稿では，保護者からの学校への苦情・クレームの発生とその背景，経過，さらに近年の新たな第二段階としての「セカンドステージの時代」に入った問題の現状について整理しておきたい。

　近年，教師や学校に理不尽なクレームを突きつける保護者が増加し，教師を疲弊させ，学校の教育活動を混乱させている。この問題は，従来の教育問題ではなく「学校問題」として命名され，不登校，校内暴力，いじめ，虐待等と同様，山積する教育問題の一つにラインナップされ語られるようになった。

　さて，学校へ無理難題を要求する保護者が出現しだしたのは，PL法（製造物責任法）による「お客様相談室」が設置された1994（平成6）年前後からである。その後2000（平成12）年頃には，学校や教師に「無理難題」を要求する保護者の姿が目立ち始め，1990年代後半からの「学級崩壊」現象やいじめ問題の社会化をも背景にし，保護者からわが子への指導の不満を学校や教師に苦情としてもち込み，加えて祖父母や周辺地域住民からの学校への苦情も加わって問題は複雑化してきた。

　教員のメンタルヘルスに関して毎年文部科学省から公表される「教職員に係る懲戒処分等の状況」調査結果では，分限処分者に関し病気休職者のうち精神疾患による休職者の数および比率（図表―1）が増加を続けていることが発表された。病気休職に占める精神疾患者の割合も2001（平成13）年度の5,200人のうち2,503人（48％）から，2009（平成21）年度8,600人のうち5,407人（62％）で，10年間で2.8倍に増加している。特にその7割以上が40代～50代で学校でミドルリーダーとして活躍する教職経験豊富な教員たちであり，職場にとって深刻

な事態である。

　そこで，2007（平成19）年，安倍内閣で設置された「教育再生会議」の第二次報告では保護者のクレーム問題に対応するため，各教育委員会に「学校問題解決支援ティーム」を設置することを提言し，各地の主だった教育委員会は，弁護士，カウンセラー，スクールソーシャルワーカー，警察，学識経験者・専門家を招いて「学校問題解決支援ティーム」を組織したり，弁護士による「学校法律相談制度」を創設したり，学校現場支援の条件整備を図りだした。

　また，2008(平成20)年にはテレビ放送で「モンスターペアレント」と称するドラマが登場し，問題は社会的にも話題になった。これら，学校現場への保護者，地域からの様々な要望・苦情・クレーム・無理難題要求(イチャモン)により，教職員は「保護者対応」に追われ，「学校はゴミ箱，教師はサンドバッグ」のような状況が生まれ，学校・教職員を疲弊させ，教職員と保護者の良好な関係づくりを妨げ，結果として教育活動を停滞させることにもなり，学校管理職，教育委員会としても学校経営上放置できない緊急の問題になってきた。

(2) **学校問題発生の背景**

　保護者からの学校へのクレームが目立ち始めたのは2000（平成12）年頃からであるが，その前後の日本社会および教育界・学校を取り巻く背景はどのような状況であったのか，クレーム問題の背景として考えられる主な理由を，小野田正利などの説を基にすると次のように整理できる。

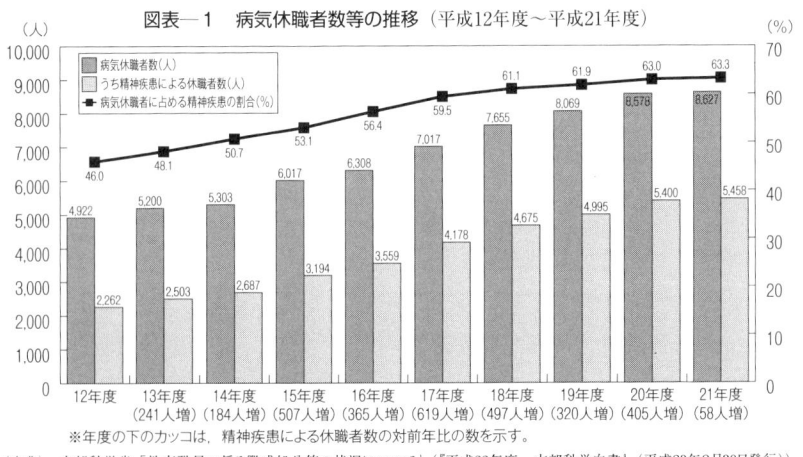

図表―1　病気休職者数等の推移（平成12年度～平成21年度）

(出典)　文部科学省「教育職員の係る懲戒処分等の状況について」(『平成22年度　文部科学白書』（平成23年8月30日発行))

① PL法の実施，製造物責任法の実施により，全ての企業に苦情を言う「お客様相談室」が設けられ，消費者が苦情・クレームを言うことが当然の行為になった。
② 子どもの社会化は第一次社会化（家庭教育），第二次社会化（地域教育），第三次社会化（学校教育）と段階的にそれぞれの集団の教育として行われるが，家庭教育・地域教育の第一次・二次社会化の機能が弱体化し，第三次社会化である学校教育に過剰な期待を要求をするようになり，地域社会の崩壊が親たちの相談・ガス抜き（緩衝）の役割を担え得なくなった。
③ 1970年以降の日本の教育の転換点以降に生まれた親たちの学校への意識変化がある。かつての学校の先生と違い，校内暴力・不登校・いじめを目の当たりにした体験を通して，かつてのように教師の指導に尊敬・威厳を感じなくなり，学校へもの申す敷居が低くなった。
④ 大学のユニバーサル化時代（大学への進学率が50％を超える）を迎え，教師たちよりも親たちのほうが高学歴化し，高い教養と上から目線で学校教育や教師を批判する世代が誕生した。
⑤ 子どもの権利条約批准以降，それまでの日本の学校教育が子ども中心の教育になっていないので，子どもの権利条約の立場から「子ども中心の学校教育」に変えようとする人々による「子ども・保護者絶対優位論」のブームで，学校へ上から目線で要望・苦情を言う。
⑥ 家庭のしつけであった「他人に迷惑をかけない」等が軽視され，結果，しつけ機能が低下し，「親子のコミュニケーションを大切にする」などの癒しの価値観が優先され，「加害者」であるわが子の問題行動はよその子が原因という「被害者」にすり変わり，少子化により「プライバタイゼーション」が進み，わが子の話だけを鵜呑みにして（自子中心主義），学校へそのまま苦情を言う保護者が増加した。
⑦ 経済不況時代に入り，学校の各種対応が「不手際」として取り上げられ，「公務員・教師バッシング」として批判展開され，依然としてマスコミを中心に存在する「教師聖職論」に基づく教師批判が蔓延している。
⑧ アカンタービリティー社会を迎え，負担した費用対効果の結果として学校教育の成果に対する説明責任・結果責任が求められるようになった。「開かれた学校」が求められながら，現実には情報公開が進まない学校への親の苛立

ち，「ゆとり」教育批判，学力低下問題の責任が教育行政の末端である学校がその責任者として不信・不満・批判の受け皿になった。
⑨教育が「商品」になり，親は教育を指導してもらうものではなく「消費」するものと考えるようになった。「教育のコンビニ化」現象もそうである。社会全体の「満足水準」「期待水準」が上昇し，消費者の顧客満足主義が定着し学校教育もその中に位置づけられることになったなどである。

(3) セカンドステージに直面するクレーム問題

　1990年代後半から2010年頃までの保護者からの苦情と対応の状況を「ファーストステージ」とすると，近年2010（平成22）年頃を境に苦情とその対応姿勢に大きく変化が見られるようになったと考えられる。われわれ研究グループは学校現場におけるクレーム対応の近年の新たな状況を「セカンドステージ」の時代と位置づけたが，2010年頃以後を「セカンドステージ」と考える理由は以下のとおりである。

　第一はここ10年間程で保護者からのクレームもメディアを通して一通り全国的に苦情事例パターンが出揃い，それまで教員は教育技術のように先輩からクレーム対応ノウハウについては教えてこられなかったが，教員たちは自ら経験を積んでクレーム対応のノウハウを獲得し，対応力を身につけ出す一方，管理職も地域で発生する危機管理への対応の経験を重ね，教職員への助言，苦情事例のケース検討会の実施経験を通して，問題を見立てるアセスメント力を徐々に身につけ，学校組織としてクレーム対応等学校危機管理の重要性を自覚し，クレームクライシスリスクマネジメント力を身につけ出したことである。

　第二は，教育委員会も多様で複雑化・悪質化・長期化するおびただしい苦情対応を通して保護者対応ノウハウを蓄積し，保護者対応マニュアルを作成し，保護者対応の教職員研修会を実施し，弁護士・スクールソーシャルワーカー等専門家による相談体制を整備し，学校問題解決支援ティーム（全国ではまだ30程）等サポート体制を整えつつあること。つまり，学校や教員側が「クレーム対応シフト」を整えたということである。

　第三は，近年これまでのように教師が保護者の苦情を真摯に誠意をもって聴き，お詫びするクレーム対応だけでは問題解決に至らず，教員が精神疾患，病欠，退職，自死にまで追い込まれる理不尽で深刻な事案が生起し，クレーム対応マニュアルも「傾聴とお詫び」だけではなく，理不尽で悪質な事案への高度

な対応のためのマニュアル（東京都，横浜市，大阪府各教育委員会発行）が作成され出したことで次の段階に入ったと考えられる。学校だけでは解決困難な複雑な事案の対応には，教師だけでなく，カウンセラー，スクールソーシャルワーカー等の福祉領域，医師等医療領域，弁護士・警察等法的領域等専門家の知見と協力と連携を得なければ対応できなくなってきた。

　第四は，教員の精神疾患による病気休職者の推移（文部科学省2011年12月発表）も1990（平成2）年度の1,000人から2009（平成21）年度には8,660人に増加し，精神疾患による休職者が占める割合も2009（平成21）年度は休職者8,660人のうち5,407人で62％を占め，日本の教員在職者数が93万人から92万人に減じたにもかかわらず，絶対数および病気休職者に占める割合は増加傾向を示し，依然深刻な状況であるということである。精神疾患者増加の原因について文部科学省は，①校務の多忙化によるストレス，②保護者意識の変化への対応の難しさ，③複雑化する生徒指導，④支え合う職場の風土の希薄化，などを指摘している。つまり，要因は生徒・保護者からのクレーム問題が複雑化し，職場組織・仲間関係が希薄化してきたということなのである。

　第五番目は，2010（平成23）年には埼玉県の小学校教師が，児童への指導方法をめぐって保護者からの相次ぐ抗議で不眠症に陥り，教員生活の継続に支障を生じさせられたとして，担任する子どもの両親に慰謝料を求めてさいたま地方裁判所に提訴する事案が生じた。これまで保護者が学校側を提訴する例が数多く見られたが，今回は教師側が保護者側を提訴するという新たな状況が生まれたことである。これらの事態の推移から，2010年前後を境に，学校問題はより複雑化・深刻化し新たな段階（「セカンドステージ」）に直面し出したと考えられるのではないか。ちなみに，これまでの学校問題に関する主な経過は以下のとおりである。

(4) 学校問題等に関する経過

図表—2

1990年代半ば	無理難題を要求する保護者の出現
1994（平成6）年	PL法（製造物責任法）による「お客様相談室」設置 いじめ問題が社会問題化
1995（平成7）年	不登校児童生徒の増加に対応するスクールカウンセラーの学校配置
1996（平成8）年	中教審「21世紀を展望した我が国の教育」答申　学習指導要領改訂
2000（平成12）年	無理難題を要求する保護者の増加　児童虐待防止法施行

	東京都教育委員会,「人事考課制度」創設
2003（平成15）年	『先生が壊れていく』 東京三楽病院の中島一憲医師，教員のメンタルヘルスに関する実態レポートを刊行
2004（平成16）年	コミュニティースクール（学校運営協議会）制度施行
	消費者基本法成立
2005（平成17）年	中教審「特別支援教育を推進するための制度の在り方について」答申
	文部科学省,「登下校時における幼児・児童・生徒の安全確保について」通知
	保護者対応の現状に関する調査（大阪大学グループ調査）
2006（平成18）年	教育基本法改正
	文部科学省,「教員勤務実態調査」実施　7割が保護者対応増加と回答
	文部科学省,「義務教育諸学校における学校評価ガイドライン」発表
	学際的研究組織『学校保護者研究会』（第1次大阪大学グループ研究会設置）
	小野田正利著『悲鳴をあげる学校』　クレーム問題で悩む教員の実態を問題提起
2007（平成19）年	政府の教育再生会議が第二次報告，各教育委員会に「学校問題解決支援ティーム」の設置を提言
	文部科学省,「教育相談等に関する調査研究協力者会議」（報告）教育委員会に「学校サポートティーム」の設置を提言
	東京都港区教育委員会，弁護士による「学校法律相談制度」創設
2008（平成20）年	中教審，「幼稚園，小学校，中学校，高等学校および特別支援学校等の学習指導要領の改善について」答申
	文部科学省,「教員の勤務負担軽減に関する調査研究」で保護者対応の研究を委託
	一部の教育団体による「モンスターペアレント」論登場
	TV放送ドラマ「モンスターペアレント」番組登場
	嶋﨑政男著『学校崩壊と理不尽クレーム』（集英社）　学校現場の校長による実践的対策提言
2009（平成21）年	関根眞一著『日本苦情白書』企業・医療・福祉・教育等8業種の苦情に関する調査を日本ではじめて白書化し刊行
	学際的研究組織『新学校保護者研究会』（第2次大阪大学グループ研究会設置）
2010（平成22）年	文部科学省,「保護者・地域等からの要望等に関する教育委員会における取組」状況発表
	「保護者対応マニュアル」ではなく，理不尽な保護者への対応の手引きが各地で発行（東京都教育委員会『学校問題解決のための手引』，大阪府教育委員会『保護者等連携の手引き』，横浜市教育委員会『保護者対応の手引』）
	埼玉県小学校教師が子どもの親に慰謝料を求め，さいたま地方裁判

2011（平成23）年	所に提訴 セカンドステージに入った保護者対応の現状に関する調査（大阪大学グループ調査） 文部科学省，「教職員のメンタルヘルス対策検討会議」設置 国際経済労働研究所「教員の働きがいに関する調査」，40～50代に上昇するほど教職への意欲低下の実態を報告する
2012（平成24）年	文部科学省,「教職員のメンタルヘルスに関する実態調査」実施予定

2．学校現場におけるクレーム問題の実態

　教師や学校に理不尽なクレームを突きつける保護者，教育を疲弊させ学校の教育活動を混乱させている現状について，2011（平成23）年現在，セカンドステージに直面した学校・教育委員会における保護者対応がどのような増加の傾向と実態にあるのかを明らかにすることにした。全国各地の小学校（528人），中学校（551人），高等学校（699人），計1,778人を対象にアンケート調査をし，①「クレーム対応の姿勢」，②「電話・連絡帳等での苦情対応」，③「教職員の共通理解と職場の関係」，④「学校組織としての対応」，⑤「保護者との話し合い・接遇」，⑥「専門機関との連携・助言」，⑦「学校経営・学級経営」，⑧「教職員の研修」，⑨「教職員支援体制」について回答を得て実態を把握した。

(1)　学校のおかれた厳しい苦情を受ける現状─全国実態調査結果の概要から

　調査結果から浮かび上がってきたクレーム対応の実態の主なものを紹介しておくと次のようなものである。調査結果によると，小学校，中学校，高等学校等，学校のほぼ全ての教員が，以前に比較して保護者への対応にていねいな姿勢と気配りの態度で臨み，従来教師たちが一人で問題を抱えて悩む姿勢から，学年教師集団，管理職の助言や職場の仲間の支援を得ながら，以前に比べると役割分担し，学校体制としてチームを組んで組織的に取り組むように変化し，全体に「保護者対応シフト」を敷き出したこと，しかし保護者から学校への苦情は依然高い水準で増加し続け，「危険水域」にあるといえる。

　また，クレーム対応で悩む教師が「職場で相談できる仲間がいる」（図表─3）と回答した教師は40％と半分以下で，「職場以外にも相談・アドバイスしてくれる親しい教員仲間がいる」とする教員も36％と全体の三分の一でしかない。学校外に相談できる仲間を持っていないのである。管理職の支援はまだ不足しており，教員は苦情対応にストレスと不安を抱え，9割の教師が「精神疾

患・病欠になる同僚は他人事ではない」「次は自分かも」と病欠の心配を抱き，ほぼ全ての教員が「保護者からの理不尽な要求は増え続ける」（図表―4）と暗い展望しか持っていないと考えているなど，教員の意識と職場の実態はますます深刻化しつつある。

図表―3　自分の職場には学年・管理職等以外で相談できる親しい仲間がいる。

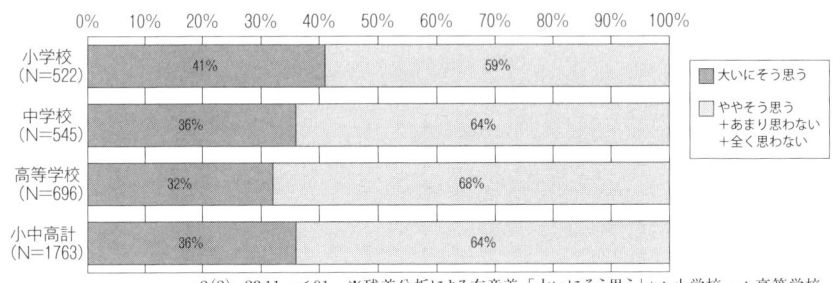

χ2(2)＝23.11 p＜.01　※残差分析による有意差「大いにそう思う」＋：小学校，－：高等学校

図表―4　あなた自身についておうかがいします。
　　　　以下の1～8について該当するものを1つ選んでマークしてください。

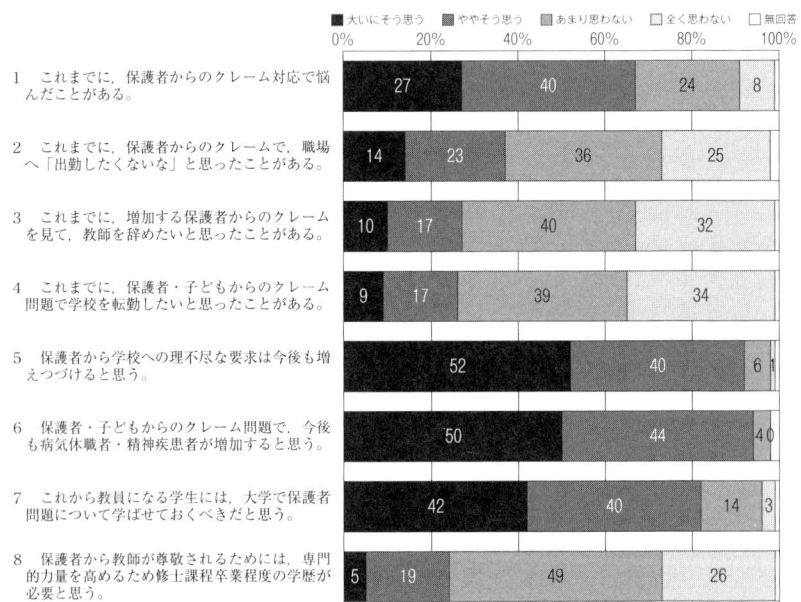

(2) 「職場でのあなた自身について」の実態
①クレーム対応の姿勢
 1)【電話・連絡帳等での苦情対応】ではていねいな対応を
　　勤務時間終了間際，保護者対応問題が生起しても8割の教員はその日のうちにていねいな対応に心がけ，教員の9割がクレームの出そうな事案には日頃から予防に努め，特に85％の教員がけがや病気に関するクレーム対応では保護者の同伴と判断も求めているなど細心の配慮に努めている。しかし，クレームが発生した場合，クレームの真意を把握し，クレームの内容を整理することができると回答する教員は全体の2割で，問題の見立て（アセスメント力），クレームの背景や「真意は何か」，初めの受け止め方など初期対応の力量に課題があるようである。
 2)【電話・連絡帳等での苦情対応】での気遣いと誠意
　　保護者への電話・連絡帳での対応では8割の教員が，言い訳，責任逃れにならないよう注意し，「誠意が伝わるような気持ちと態度」で臨み，9割以上の教員が電話では誠意が伝わらないと判断したときは，来校や家庭訪問を実施し，7割の教員が，荒立てさせないため相手を持ち上げる努力をしているなど，多くの教師が細心の気遣いと誠意を示す態度で臨んでいる。しかし，当日の対応は厭わないが，教員の8割が心理的圧迫からストレスを感じ，クレーム問題が原因で精神疾患になる同僚を見て他人事ではないと思う教師は9割近く，特に小学校教員は9割が深刻に受け止めストレスの原因になっている。
　　日本で初めて『日本苦情白書』(2010年)を著した関根眞一によると，クレームを言われたときの各業種別意識比較，「苦情を言われて何を考えるか」という質問項目に，「面倒だ」は，総合職32.8％，行政職33.8％，病院職33.3％，教育職31.2％とほぼ同じだが，「よい意見が聞ける」と考えるのは，総合職27.6％，行政職24.1％に比較して，病院職20.7％，教育職20.0％と低い。また，相手からのクレームの原因について，「何がその原因だと思うか」に対して「配慮不足」と答えた者が，総合職50.3％，福祉職57.0％，病院職43.0％，行政職42.7％に比較して，特に教育職は31.2％と低い。また，相手の「勘違い」と考える割合も，総合職23.1％，福祉職21.9％，病院職22.3％，教育職30.0％と高い。さらに相手の「いちゃもん」

と思う割合も，総合職8.4％，福祉職4.5％，行政9.2％に比べ，病院職12.2％，教育職12.1％と上から目線で自らに非があるとは認めにくい職種のようである。

　教職だけに限ってみると，「いちゃもん」と考える割合は3年以下の若い教師は23.5％だが，教職経験20年以上の教師になると28.6％と高くなる，と報告している。つまり，他業種に比較して原因を相手の「勘違い」「いちゃもん」が原因で自らの教育活動が原因ではないと思い，非を認めにくいこれまでの教員が，ここ10年程の間に気配りとていねいな対応をするように変化しつつあるということは劇的な変化であるといわざるを得ない。

② 【教職員の共通理解と職場の関係】づくりが課題

　これまで保護者からのクレームには，一人で教える個業制を基本とする教師の特質として特に小学校では一人で抱えこむ傾向があったが，教員の6割，特に学年ティームで学年経営する中学校教員は7割が，保護者からのクレームには教師個人で抱えこまず，学年・関係教員に相談し，関係教職員や専門家を入れて対応するようになってきている。

　今の職場は仲間関係が希薄で「同僚性がない」ので相談する仲間が少ないと指摘されているが，「職場には学年・管理職以外に相談できる親しい仲間がいる」と回答した教員は35％で半分に達しない。もともと，「同僚」とは「同一の専門的職業者の目標を共にする仲間」という意味が強く，教職の「同僚性」という言葉は，「信頼し合う仲間関係」という理念的表現である。したがって，ないものねだりの理想化された「同僚性」という言葉より，同じ職場で「学校づくり」を共にする教員仲間，「職場の仲間」という表現のほうが，「職場づくり」にしてもふさわしいと考える。また，「職場以外に相談・アドバイスしてくれる親しい教員仲間がいる」と回答した教員も全体で36％と，教員の三分の一しか学校外に相談できる親しい仲間がいないとは困ったことである。

　また，保護者からのクレーム対応などで困ったとき，「職場の仲間が支えてくれると思っている教師は」（校種別に差があるものの），全体で29％（小学校37％，中学校32％，高等学校20％）で，職場の仲間が支えてくれると思う教員は3割程度しかいない。教員にとって最後の支えである「管理職が相談に乗ってくれ，アドバイスで支えてくれる」と思う教員も3割，教員の2

割は「思わない」「管理職はたよりにならない」と回答している。「管理職の姿勢が毅然としていない」「保護者の味方をすると思う」(図表—5) ことがあるとする教員も3割を占め，教師を守る学校管理職への立ち位置や不信感という実態が問題解決を遅らせているという実態も見られる。校長や教頭の立ち位置が問われているのである。

図表—5　職場の管理職は相談に乗ってくれたり，適切なアドバイスで支えてくれる。

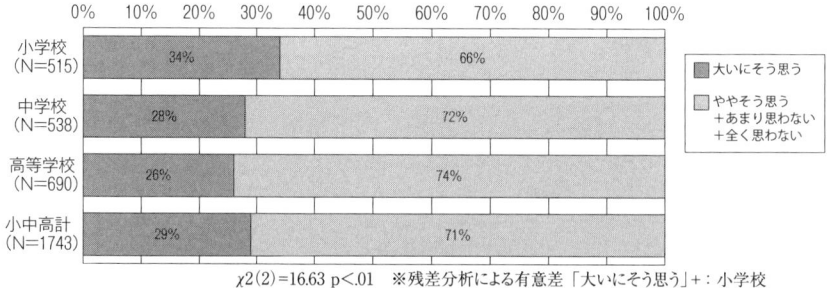

χ2(2)=16.63 p<.01　※残差分析による有意差「大いにそう思う」+：小学校

③　学校が保護者要求に「クレーム対応シフト」を敷き出した

「クレーム問題に学校が王シフトを敷き出した」と発言したのは，共同研究者の小野田正利である。「王シフト」というのは，かつてのプロ野球読売ジャイアンツの王貞治選手の打棒対策に他球団が考え出した守備シフトである。王選手の打球が一二塁側に集中することに目をつけ，遊撃手は二塁に，二塁手は一二塁間に，一塁手は一塁線に，外野手もそれぞれ守備位置をシフト変更し，極端に右半分に守備した結果，王選手の打率はダウンした。それだけでなく，レフト方面に流し打ちする打球は力のない打球になり，ホームランも減るという読みもあり，同時に王選手の打撃フォームが崩れるのをねらったのである。しかし，学校教育活動が「王シフト」のように，本来の学校教育に力が入らず，クレーム対応に気をとられるあまりバランスを欠いた極端な「クレーム対応シフト」で，フォームが崩れた教育活動では困る。当然，各学校が「クレーム対応シフト」を敷くことは必要であるが，あくまで保護者と教師は子どもをはさんで共に協力しながら子育てと教育をしていく平等な立場の関係である。教職志望学生や若手教師が必要以上に保護者クレームを恐れる現状は，大学の教員養成段階や初任者研修で，あらかじめ必要な知識とスキルを身につけ保護者対応のパーフォマンスの力を育成しておく

など研修内容を改善しなければならないであろう。
(3) 「現在の職場」に関する実態
① 【学校組織としての対応】はまだまだ不十分

自分の職場に教職員が共通理解しているクレーム対応の方針があるかという質問には「ある」と考える教員は5%で，必ずしも各学校が明確な方針のもとに教職員の共通認識が成立しているとはいえない職場の実態が見える。教育委員会にはいざというときのための「クレーム対応マニュアル」があると思う教師は3割しかいない。また，マニュアルがあっても，教員の7割（66%）が，本棚のすみにおいやっていたり，目にふれない状況にあったりで「役立たない」と感じており，教員への配布や，手軽に手に取り，いざ問題が発生したとき，活用できる具体的対応を表したマニュアルづくりの工夫が求められる。

現在の「教員は多忙で職場で悩む同僚教員に助言する余裕がない」といわ

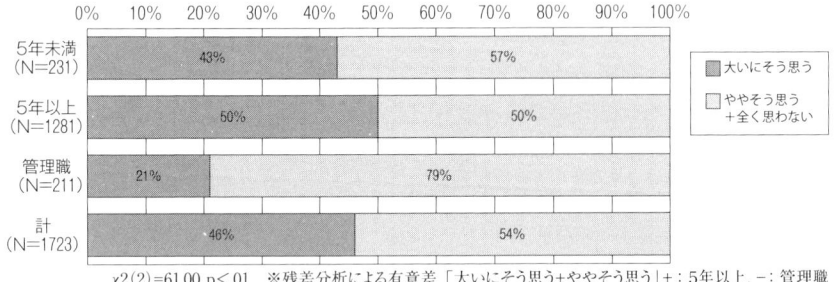

図表—6 同僚教師が保護者からのクレーム問題で悩んでいても，多忙でなかなか助言や支援ができない。

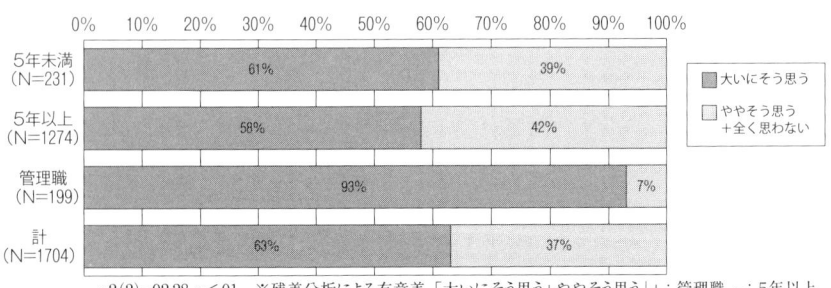

図表—7 職場の悩める教師を発見し，支援できる管理職がいる。

れている。そこで実際に同僚教師が保護者からのクレーム問題で悩んでいても，多忙で助言や支援ができないかを教師に聞くと4割5分はその通りと回答するが，逆に教師の5割，管理職の8割は多忙でも助言はできると考えている。同僚教師への助言・支援ができない理由は多忙だけではなく，教師という個業制という職業特性，管理職と教員の関係，複雑な職場の人間関係，同時に希薄化する職場の仲間や人間関係等も影響していることが推察される。あなたの職場には「悩める教師を発見し・支援できる管理職がいるか」という質問は，管理職に対する教師からの「まなざし」を問うものであるが，教員の3割には自分の職場には「発見し・支援できる」管理職がいないと映っている。支援してもらえる管理職が求められている。

② 【保護者との話し合い・接遇】ではクレーム対応の三原則が確立

　9割の教員が保護者との話し合いの際，あらかじめ面談場所・時間，出席者等を確認して臨み，保護者と話し合う前に校長・教頭を含め関係職員で対応策を確認する「事前打ち合わせ」を教員の3割が行い，同様に管理職の3割も行っていると回答している。クレーム対応の三原則である「時・人・場所の制限」が習慣化しつつある，ぜひとも守ってもらいたい原則である。

③ 【専門機関との連携・助言】を必ず得る

　4割以上の教師は教育委員会の適切な助言は「受けていない」と感じている。日頃から最も接触のある学校管理職の3割でさえも「受けていない」と感じている。

　教職経験のキャリアの差・校種の特質を表す項目に「問題解決のためカウンセラー，警察，弁護士等専門家の助言を受けているか」という質問には32％の教員が受けているだけで，他の多くの教員は専門家にも相談することなく「丸腰」で対応していることになる。専門家の助言を「受けていない」教師の経験者別分析では，若手教師が1割程度，管理職も2割程度であるが，中堅・ベテラン教師の校種別では小学校39％，中学校17％，高等学校12％で，特に小学校中堅・ベテラン教師が自分の教職経験だけで対応しているようである。各地の小学校で学級崩壊や保護者からのクレーム対応で，指導困難から学級経営が立ちいかなくなって病欠に進む教員は，中堅・ベテラン教師に多いことが報告されている。今の中堅・ベテラン教師はこのような指導技術や対応スキルについては学んできていないし，経験の蓄積もしてきていない

ことが指摘されている。中堅教員自身がクレーム対応の知識やスキルアップを図り力量を高めていかなければ，現在の複雑化・悪質化する保護者の理不尽なクレームには対応していけない。

④ 【学校経営・学級経営】への反映を

　クレームの対応結果をその後の学校経営・学級経営に生かせているという回答は１割（11％），それでは具体的に学校評価の評価項目に「学校は相談しやすいか」「きめ細かな連絡があるか」等の項目を設定し「学校経営の改善に生かしている」が，小学校26％，中学校16％，高等学校９％である。PDCAサイクルの学校経営を通した学校経営改善が望まれる。

⑤ 【教職員の研修】でスキルアップを

　会議等で発生したクレーム問題について教職員への報告や共通理解を図っているのは全体で22％（小学校22％，中学校30％，高等学校14％）である。校内研修ではロールプレイなどクレーム対応のスキルアップを図っていると回答する教員は２割しかなく，残り75％がクレームにはストレスを感じているがスキルアップを図っていない。ロールプレイなど具体的な手法によるスキルアップを図る研修方法も５％前後で低い。研修も一応の研修で終わっており，積極的に保護者役と教師役に対峙しパーフォーマンスするなどしてスキルアップを図る研修方法の開発・導入が求められる。

⑥ 【教職員支援体制の整備】が急がれる

　教育委員会に学校を支援する学校問題解決支援ティームを設置すべきと教員の８割が考えているが，学校問題解決支援ティームを設けている都道府県，市町村教育委員会は30程度しかない。

　教育委員会は各学校や教師が相談できるスクールローヤー（顧問弁護士制度）をさらに充実すべきであると考える教員も８割，教職経験を積むほど複雑なクレーム問題に直面するため，弁護士への相談ニーズが高まる。保護者がクレーム対応に学校へ来る際，弁護士を伴って来校し，学校を訴えることをちらつかせる。これに対し，学校側は法的知識もなく防戦一方で，対応策がわからずあわてて教育委員会へ駆けつける校長も増えてきたという現状が各地で報告されている。

　また，現在顧問弁護士制度が設置されていても教育委員会へ出向くか，教育委員会に事前に申請するなど手続きが煩雑なため機動性がなく，学校・教師

からするとハードルが高く，実態として緊急性を要する学校現場のニーズに即応できるものになっていない。

　2007（平成19）年に東京都港区教育委員会が設置した「学校法律相談制度」の弁護士を担当した綱取孝治氏は「学校，教育問題について弁護士からの提言」で，保護者からの相談事案は「真に未来のある子どものためという視点を欠いており，ここには子どもを叱りつけることなど想像もしない教育現場が浮かび上がるとともに，教育を受ける権利を有する子どもにとって，正に悲劇というほかない」が，「客観的に見て保護者の非常識な言動に対して担任の若い先生の涙ぐましいほどの誠実な対応」が見られると，先生方を支える制度充実の必要性を語っている。

　また，早期に「学校問題解決支援ティーム」（弁護士，警察OB，大学教授，カウンセラー等で構成）を設置した先進的な大阪府豊中市教育委員会の「学校問題解決支援ティーム」の一員である畑村悦雄弁護士からは，設置3年間の経験を踏まえて，顧問弁護士に相談するには，教育委員会へ出向くか，教育委員会に事前に申請するなど手続きが煩雑なため，校長からするとハードルが高い現状を改善するため，緊急性を要する場合は学校から要請があれば学校へ出向き相談に応じる「出前相談」も検討すべきであると提案されている。

⑦　後回しにされるメンタルヘルス体制の整備－その1

　さらに，5割の教師が「教育委員会は教師のメンタルヘルスに関する医療的相談・支援体制を整備していない」と受け止めている。

　2011（平成22）年12月，文部科学省から「平成22年度教職員に係る懲戒処分等の状況」結果では，精神疾患による休職者が5,407人で病欠教員の62％を占めると発表されたが，その7割以上が40代～50代の教職経験豊富な教員たちである。文部科学省は，精神疾患増加の原因を校務の多忙化によるストレス，保護者意識の変化への対応の難しさ，複雑化する生徒指導，支え合う職場風土の希薄化などを指摘し，改善を求めている。

　2003（平成15）年に『先生が壊れていく』という著書で，東京を中心とする首都圏の現場教師の衝撃的な実態をレポートした，東京都の教職員を対象とする三楽病院精神科の中島一憲医師によると，重いうつ病が極端に増加しているわけではなく，A小学校では管理職や職場の仲間のサポートがないので，「もうこれ以上担任をやれない，教壇に立てない」と病欠の診断書を欲

しい」という教師でも，B小学校に転勤し管理職や仲間の支えがあれば軽症のうつ病であっても十分やれる場合があり，メンタルヘルス対策等，職場の環境整備と管理職の配慮が重要であることを指摘している。学校は児童・生徒の健康診断は学校医の検診を重視しているが，教職員の健康診断については実態として「セルフケア」に任されているのが実態である。セルフケアに対して，管理職が指示系統（ライン）によって部下の健康管理（ケア）を行うことが労働安全衛生法により規定されている。したがって，学校では「校長・教頭などの管理職がキーパーソンになりながら，ラインケアをやっていく必要がある」と提言されていたことを重く受け止め整備に努力してほしい。

⑧ 後回しにされるメンタルヘルス体制の整備 – その2

教育行政の整備で教職員対象のクレームのスキルアップ研修を適切に設けているかでは，校種に関係なく6割の教員が整備されていないと思っている，教員のニーズを受け止め積極的に設けてもらいたい。

教師の世界には，「学級経営」や「保護者対応」などトラブルが発生すると，その教師個人の「指導力が不足している」「力量のない教師」だからだととらえる職員室の目が存在している。また教師はつまらぬ自らの「プライド」が邪魔をして同僚に助けを求めないのは，学級経営は教師の力量次第だという個業制の文化が染みついている。同僚が一人で悩みを抱えているなら，仲間や特に管理職が問題の深刻さを受け止め，学校の仲間や全体で問題を共有し，支援するような職場環境に努めたい。

社団法人東京都教職員互助会三楽病院「教員のメンタルヘルス対策および効果測定結果（2006年11月～2007年3月）によるとストレス緩衝対策は，以下の5点がポイントである。

1) 管理職のアドバイス・サポート
2) 職場の同僚・仲間のサポート
3) 学校の組織と文化（協働性，チームワーク）
4) 家族・友人など職場外の人的支援
5) 個別教員が持つ特性，リスクに応じた研修

⑨ 後回しにされるメンタルヘルス体制の整備 – その3

そのため，管理職は次の教員のメンタルヘルス向上策を心がけたい。

1) 職員室の人間関係づくりと会話できる雰囲気づくり

2）お茶を飲みながら会話できる時間を確保する
3）学校行事がすんだら反省会ばかりせず，達成感の共有とご苦労さん会を
4）生徒・保護者対応など困ったことは，その日のうちに誰かと相談・対応を
5）帰り際気にかかることがあれば，机上にメモ，夜自宅へねぎらいの電話を
6）慌ただしいときほどオフの日を設け，職員のリフレッシュを（ノー行事デー）
7）メンタルヘルス対策の研修
8）管理職は各教員に応じたストレスマネジメント教育を理解させること

⑩　職場のメンタルヘルス発見，「け・ち・な・の・や」の実践を
「け」……欠勤が目立つ
「ち」……遅刻をする
「な」……泣き言をいう
「の」……能率が下がる
「や」……辞めたいという　　　　　　　　（産業医・鈴木安名のまとめによる）

⑪　自らを守る訴訟保険制度
　　教職員が損害賠償や訴訟を求められたとき対応できる保険制度の充実を図ってほしいと要望する教員は8割で，圧倒的多数が求めている。2002年改正の住民訴訟制度では「直接訴えられるのは地方公共団体であっても，弁護士費用や敗訴した場合の損害賠償金の支払いは個人で行う」こととされた。近年，医療現場の医師・看護師同様，教育界のニーズを受けて，数社の保険商品に加えて，新たに日本教職員組合共済組合の保険商品に訴訟保険制度が加えられ，各地の教職員関係団体も保険会社とタイアップしたため，加入教職員数は増加の一途にある。先生方には，「お守り」として，とりあえず，なにがしかの保険商品への加入も身を守る方法である。
　　「クレーム問題解決のためには教師に権限を与え，教師を守る法律・条令等を整備すべきである」と要望している。特に学習，生徒指導，進路指導，部活動等，専門機関との連携等授業以外にも多様な指導業務を抱えて守備範囲の広い中学校現場が最も必要性を感じている。全体としても，校種に関係なく8割の教師が何らかの「法律・条令」で守ってほしいと希望していることは，深刻な実情が表れている証拠である。
　　『親たちの暴走―日米英のモンスターペアレント』で，イギリスで起こ

理不尽な保護者の暴力現象を「フーリガンペアレント」と命名した多賀幹子は，やはりイギリスの教職員組合が保護者の暴力などから教職員の身を守る法律制定を求めて政党へのロビー活動を行っている様子を報告している。日本でも同様の動きがあるが，どのような立ち位置で，保護者との良好な関係づくりを進めるかの視点を持って，教育行政や教師・学校と保護者との良好な関係づくりを目指したうえで問題解決に取り組むかが試されている。

3．今後取り組むべき課題

2010（平成22）年前後からの，学校へのクレーム対応のセカンドステージの現状は，調査結果を紹介したように，9割の教員が今後も保護者からの理不尽な要求は増え続け，病気休職者・精神疾患者も増加し続けると考え，職場の現状や学校と保護者との関係づくり等，明日の教育に暗い展望しか持てず，8割の現職教員があらかじめ教員になる学生には大学で保護者問題について学ばせておくべきだと考えているなど，浮かび上がってきた問題，取り組むべき課題は多い。

(1) 保護者対応の力量とスキルアップを

教員も管理職も保護者がどのような理由や過程で不信のマグマを蓄積させ，何に怒り，理不尽だが振り上げた拳をどこで振り下ろさせるかの見立て（アセスメント）の力をつけ，そのうえでいかに保護者対応の力量とスキルアップを図るかが課題である。

(2) クレームクライシスマネジメント力の向上

校長・教頭など管理職はクレームに対する問題の見立てに加えて，問題発生から鎮火，解決までの，経過や交通整理，関係機関との連携までの見通し，帰結までの展望を全体としてシミュレーションし，リーダーシップを発揮するクレームクライシスマネジメント力を向上させていかなければならない。

(3) 先輩教師（メンター教師）との関係づくりを

職場の仲間関係の課題である。われわれの共同研究者であった故中島健一医師は，「教員の多忙化は問題であるが，多忙化だけで倒れるのではなく，多忙化に加えて孤立感で倒れるのである」と多くの症例から語り，倒れた多くの教師が「困難だからやれないのではなく，職場の支えがないからやれないという実感で倒れるんだ」という現場教師の声を紹介している。管理職や同僚が助け

てくれる余裕や個業制を特色とする教員が他の教員に悩みを言う気があるとはかぎらないため，依然として教員が個人で保護者クレームを抱えて孤立感に悩み，孤立し，精神疾患患者になっていく。

かつて職場には同学年担任，同教科担当以外にも気の合う優しい先輩教師が存在した。夜，残された職員室で一緒にテストを採点したり，雑談したりしてストレスを発散し，孤立感をいやしてくれる仲間としての他学年・他教科の先輩教師がいた。コーヒーを飲みながら，グチを聞いてくれた，失敗談も話してくれた。時には，食事をしながら相談にも乗ってくれた。今，職場では，意図的に先輩教師（メンター教師）との関係づくりを設定していかなければならない。東京都教育委員会や横浜市教育委員会などがメンター制度の取り組みを進めている。職場でも，そんな仲間の関係づくりをしかけてもらいたい。

(4) 孤独な管理職を支える

管理職の役割は重大であるが，管理職もまた孤独である。管理職は教員を支えなければならないが，校長や教頭の悩みは誰が受け止めてくれるのか。職場で孤立し，教育委員会からは支援がなく「梯子を外された」と受け止め，自殺したり退職を余儀なくされる管理職は後を絶たないのが現状である。職場の人間関係は複雑になっていくが，どのように職場のティームで相談する力を育て，保護者対応力を高めていくか。管理職が元気で，リーダーとしてクレームマネジメント力を発揮することも重要な姿勢である。

(5) 教育委員会の学校現場支援の方策と条件整備を

教育委員会の学校現場支援の方策と条件整備の課題ということになる。各地でスクールローヤー制度が設置されることは望ましいことであるが，弁護士は学校へクレームを申し出た保護者の代理人としても登場する場合があるので，保護者問題で悩める学校にとって「魔法の杖」ではない。しかし，保護者との関係で最前線に立つのは教員であり，教員は校内の誰かに支えてもらい，孤立せず教育活動が継続できるようでなければならない。その際，前線の教員を支えるのが管理職の役割であり，管理職が問題を見立て，全体のシミュレーションを提示できるようになれば，弁護士の峯元耕治氏が「保護者代理の弁護士でも保護者と学校の間に立って保護者を説得し，合理的な解決方法を模索しやすくなる」というとおりである。それだけに管理職のアセスメント力，シミュレーションする力，リスクマネジメント能力向上は問題解決に向けて重要な課題

なのである。

(6) 学校における教育活動における協働と連携を

　学校における教育活動における協働と連携による役割分担の推進である。これまで，新しい教育課題が誕生しても，教師が一人で「○○」指導として取り込んできたが，近年はそれでも校内の教員間でティーム・ティーチング（TT）とティームワーキング（TW）の体制を築き上げた。学習指導ではティームティーティング，ALT（英語指導助手）など複数指導システムの導入，専門職ではスクールカウンセラー（SC），スクールソーシャルワーカー（SSW），情報教育アシスタント（ICT），司書，栄養士・栄養教諭等，これまであいまいな役割分担に専門職が導入された。

　したがって，教員間のティーム・ティーチング（TT）とティームワーキング（TW）だけではなく，10種類以上の専門職を導入して職場の教育活動における協働と役割分担のシステムをもつくり出してきた。クレーム対応の問題解決対応から見えてきた課題は，このような各種専門家が学校における教育活動において今後一層スクールソーシャルワーカー（SSW），警察，スクールローヤー，精神科医等，学校外の専門家とも連携して「協働と連携による役割分担」のシステムをいかに確立していくのかという問題提起でもある。

　おわりに，学校や教員の保水力がどんどん低下しているということについて考えたい。中学校長を経験した嶋﨑政男は，「教員や学校の保水力が低下」したという。教員には「保護者の訴えがいかに理不尽でも『話したいのだろう，ともかく聴いてみよう』という心の保水力が必要で，教員にはそれを心の中に貯める『池』のような場所が必要である」。職場に仲間がいれば「保水力」は高まる。

　嶋﨑政男は，学校へ流入する水量は増加するが，教員一人一人の「保水力」と同時に「管理職の保水力の上昇」が特に課題であるともいう。「一教員の保水力が弱くとも，それを補える学校体制があれば，決壊を防ぐことができるから」と，学校の保水力の向上を提案している。近年，各地の教育委員会，管理職の会で保護者クレームに対するスキルアップ研修が行われるようになってきたが，クレームクライシスマネジメント力の向上は管理職のマネジメントの資質として欠かせない能力である，管理職としての保水力の向上に向けた行政政策が求められている。

保護者対応の実際，教師の研修・スキルアップ，職場の仲間関係づくり，教育委員会の支援策等の実査については，各分野の門専の先生方が執筆された以下の各章を参照していただきたい。

〈参考文献〉
小野田正利編著（2006）『悲鳴をあげる学校』旬報社
小野田正利著（2008）『親はモンスターじゃない！』学事出版
小野田正利編著（2009）『イチャモン研究会』ミネルヴァ書房
小野田正利編著（2009）『イチャモンどんとこい！』学事出版
嶋崎政男著（2008）『学校崩壊と理不尽クレーム』集英社
関根眞一著（2007）『となりのクレーマー』中央公論新社
関根眞一監修（2009）『日本苦情白書』メデュケーション
文部科学省（2011）『平成22年度 文部科学白書』

コラム①

無関心に見える保護者への対応

　ふだんは学校に無関心で協力が得られない保護者なのに，ある日突然怒りの連絡がきて，話してもわかってもらえないというケースがよくある。
◆保護者の「会えない事情」を理解し，日常的に子どもの様子を伝える
　　ふだんの情報不足が学校へのクレームを招く。なかなか会えない保護者にも以下のような事情が考えられる。
　①家庭的理由…保護者本人や家族が心身の病気を抱えて動けないなど
　②社会的経済的理由…仕事の都合や経済的理由でゆとりがないなど
　③心理的理由…保護者自身が学校から傷つけられた経験があるなど
　　学級通信などで子どもの成長の様子を伝える工夫が最大の予防になる。
◆保護者ともめた場合も「子どもで勝負」を忘れずに
　　「学校に楽しく行って，よく学び，よき友を得て成長してほしい」というのが保護者の共通の願いである。学校は保護者の事情を変えることは難しいが，子どもの成長を支えることはできる。子どもがうれしそうに学校の話をするようになると，保護者も落ち着くことが多い。

2章　保護者からのクレームの真意をつかむ

樟蔭学園　山岡賢三

1．はじめに

　かつては，教師と保護者の間には暗黙の上下関係が存在し，教師もそれを当然のことのように受け入れてきた。教師が子どもに指導するように，保護者に対しても同じような態度で接してきたのではないだろうか。しかし，そのような時代は終わり，社会全体の満足水準が上昇し，顧客満足度を満たすことが求められる風潮の中で，公の教育もまたその対象となり，保護者の理不尽で攻撃的な要求，苦情，クレームが社会問題となっている。

　本来，教師と保護者は上下関係でも，対立する関係でもない。ともに手を携えて子どもの豊かな成長を支援するパートナーである。子どもや保護者が学校の論理に合わせていくのは当然だとする教師側の旧態依然とした権威主義では成り立たないし，一部の保護者の無理難題が学校を困らせることがあってはならない。保護者が教師に言いたいことが言え，教師もまたそれを受け入れつつ，学校としてできること，できないことをはっきりさせ，できることは学校全体のものとして還元していく。保護者と教師は対等な関係で，互いの気持ちを率直に語る中で解決策を見いだすことが重要であり，それが子どものためになる。

　一概に保護者のクレームといっても，学校はこうあってほしいという願いとともに，本来的には学校がやるべき範囲のクレームもあれば，本来学校がやるべき範囲を超えているにもかかわらず，責任は学校側にあるとの判断に立ったクレームもある。また，当事者の努力によっても解決不能あるいは不条理なクレームもある。

　しかし，保護者のほとんどのクレームは，わが子を思うあまりの行き過ぎた愛情の表現であったり，「私のことわかってください」という訴えが感じられることが多い。その類のクレームなら，教師がちょっと親切に対応したり，相手に共感しながら傾聴すれば，大方の場合解決する。それなのに，クレームの本質をきっちり見極めないでまずい対応をしたために，まともな保護者を本当

のクレーマーにしてしまっているケースもある。「これは教師の守備範囲じゃない」とか,「この親は『モンスターペアレント』なんだ」と決めつけ保護者を排除してしまっては,保護者と教師の関係は一向に縮まらない。まず,教師は保護者の言い分に真摯に耳を傾ける姿勢が大切である。

2．教師が心を開く

　保護者からのクレームを未然に防いだり,クレーム対応を円滑に進めるには日頃から教師と保護者の連携が欠かせない。そのためには,次のような「この先生なら話せる」というイメージを教師の方から保護者に示す必要がある。
①積極的にコミュニケーションをとって,子どものいいところを保護者に伝える。
②「最近ご家庭ではどうですか？」と子どもの様子を自分から保護者に聞いてみる。
③保護者の話すことにじっくり耳を傾ける。何気ない会話の中に真意が隠されていることもある。
④「登校指導ご協力ありがとうございます」など,日頃の学校への協力に感謝を述べる。
⑤「子どもさんの忘れものが減ったのはお母さんのお陰です」など,家庭での保護者のがんばりをほめる。
⑥「何かあればいつでも学校に連絡してください」と気楽に相談できる雰囲気をつくる。
⑦「一緒に考えていただけませんか？」と提案して,子どもの課題を保護者と共有する。
⑧子どもの課題を保護者に伝えるときも,「最近,家で気になることはありませんか？」と質問の形で伝える。
　運動会や地域のお祭りなど和気あいあいとなっているときに保護者に声をかけ,親睦を深めたり,PTA役員など学校によく出入りする保護者など,自分が話しやすい人から話しかけ,コミュニケーションの輪を広げておくことも「話しやすい先生」になる条件である。
　教師が心を開いて保護者と接しないと,保護者も本当に思っていることを話してくれない。お互い心おきなく話せたら,気楽に子どものことを相談し合え

るはずである。

3．保護者の抱える背景を探る

　急激な社会の変化は家庭生活にも様々な影響を及ぼしている。核家族化，少子化，離婚率の増加などの家庭環境の変化に伴い，家庭教育力の低下も懸念されている。また，保護者の価値観の多様化により，保護者の学校に対する要求が複雑になってきている。保護者を取り巻く環境が厳しく複雑になってきていることを踏まえ，保護者の抱えている背景を探る努力をすることによって，保護者の真意が読め，問題の見通しが立つこともある。

　保護者の中には，家庭や仕事または自分自身の中に，家庭不和，離婚，嫁姑問題，夫の無理解，子どもとのコミュニケーション不足，リストラ，仕事上のトラブル，貧困，ストレスなどいろいろな問題を抱えている人もいる。「子どもが言うことを聞かない」「夫が全然協力してくれない」「相談できる相手がいない」「最近子どもとあまり話していない」「子育てのやり方が間違っているのかも」「子育てがうまくいかない。しんどい」などのように，保護者の言葉の裏には，様々な悩みや思いがある。

　保護者の実際の悩みを解決することは難しいが，保護者の不安が見えてくると，その人への向き合い方も変わってくる。保護者といっても，いろいろな人がいて，その抱えている問題も様々である。保護者から厳しい言葉を投げかけられても，その要求の裏にある真意を汲み取ることが大切である。

4．保護者の視点を受け入れる

　例えば，「うちの子をいじめている生徒を転校させろ」と父親が怒鳴ってきた。「いじめている」と言われた生徒は友人グループで日頃から仲よく遊んでいる。注意深く情報を集めても，いじめの事実は浮かんでこない。実は，「いじめられている」という生徒は小学校のときリーダー的存在で，遊びでも何でも自分の指示でみんなが動いていたのが，中学校ではそのときどきでリーダーが代わって，常に自分がリーダーになれない。リーダーになれないことがおもしろくない。「友達から嫌なことをされる」と親に言った。その生徒が「嫌なこと」というのは「自分がリーダーになれなかったこと」だった。「いつもあの子に従って行動している」「あの子が僕の嫌なことを言う」とか，自分も相

手の子にあだ名や悪口を言っていても，それは親には隠して，自分がされていることだけを強調して伝え続けた。「誰々に…される」と訴えることにより，父親の中で自分の子どもは「いじめられているんだ」という固定観念ができあがってしまった。いつしか父親の許容量を超えてしまって，学校に怒鳴り込んできた。

　このような場合，事実確認をした教師が，「実はお父さん，これについては○○君がこんなことを言っていますよ」と事実を伝えても，その父親は「相手の生徒が嘘をついている」と言って納得しないだろう。「誰々に…される」を「いじめられている」ととらえているのは一つの視点であり，それを「大げさすぎますよ。お父さん」と説得しようとすれば，一気に信頼をなくしてしまいかねない。教師側が事実は一つだと思い込めば誤解を生んでしまう。クレームを言ってくる保護者の視点から事実をどう見ているのかとらえ，そう見ていること自体をまずは教師側が受け入れることである。

5．保護者の立場に立つ

　保護者のクレームの裏側には，「要求が阻止されている」「願いがかなえられない」という思いがある。「子どもを大切に扱ってほしい」「子どもの窮地を救ってほしい」「子どもを理解してほしい」という自分の子どもに関する要求や願いと同時に，「自分の窮地を救ってほしい」「自分を理解してほしい」「自分をほめてほしい」という保護者自身の要求や願いがある。その要求や願いを素直に表現できないで屈折して現れるのがクレームである。状況が厳しいほど，苦労が多いほど要求や願いが屈折して表現される。

　そんな場合，保護者は教師を「この先生は自分の願いに心から耳を傾けてくれる人なのか」「この先生は自分のことをわかってくれる人なのか」「この先生は本当に味方になってくれる人なのか」探っている。まずは，教師は意識して，保護者の心情に寄り添い，保護者の立場に立ち，保護者を理解する存在になるよう心がけることが大切である。

　保護者が本当は何が言いたいのか，何を望んでいるのかわからないとき，頭から保護者の言い分を否定するのではなく，相手の主張に隠れている真意を明らかにし，それに共感して受け入れると，それだけでクレームが解消していく場合がある。クレームの解消に直接つながらなくても，教師を味方と感じ，そ

の後の関係もやりやすくなるだろう。

6．初期対応を大切に

　さて，実際のクレームの場面を想定してみよう。学校へクレームを言ってくる保護者は感情的に高まり，ヒートアップしている場合が多い。まずは，クレームを言ってくる相手を落ち着かせ，ゆっくり話ができる環境をつくることを心がけたい。別室に案内し，少人数で対応するなど，保護者が安心して話せるような雰囲気をつくることである。

　次に，保護者の言い分を聞いてみる。この際，感情的な保護者に対して，こちらも感情的になってはいけない。教師側は冷静を保つこと。ヒートアップしてくる保護者に巻き込まれないことである。保護者に批判されても腹を立てない。保護者に対して批判や攻撃の心をもたないことである。保護者の言い分に口をはさんだり，「それは違います」と否定したりせず，ひたすら保護者の気持ちを受け止める。ただし，理不尽な要求に対しては，安易に約束しないことである。

　興奮して支離滅裂な訴えをする保護者には，「それはいつのことですか」「誰がそうしたんですか」「場所はどこですか」「何があったんですか」「どんな具合でしたか」など効果的に質問し，保護者の言い分を整理する。また，「…ということですね」「…してほしいんですね」「…ということで，ご立腹されているんですね」と，保護者の発言を反復して，言いたいことを確認する。そのことが，保護者にとっては先生も共感してくれたという気持ちにさせる。そこで，「よく話してくださいました」「つらい思いをさせました」「大変でしたね」などのねぎらいの言葉で保護者の怒りを鎮めることができる。

　保護者が落ち着き，冷静な状態になった段階で，子どもをどう成長させたいかを保護者の本当の願いを聞き，子どもの抱える課題や今後の指導の方向性を保護者にしっかり伝え，子どもの課題を保護者と共有することが大切である。

　とにかく，初期対応のあり方がその後の対応の成否を決定するといえる。適切な初期対応によって問題の拡大化を防ぐことができるのである。

7．事例分析

(1) そこにボールが落ちていたのが悪い！

　昼休み，男子生徒が無断で体育館に入り，転がっていたバレーボールを蹴った。ボールは体育館の天井に当たり，天井が破損した。そのことを保護者に連絡すると，「そこにボールが落ちていたのが悪い。学校の責任だ」と言われた。保護者の言葉だけを取り上げると，「なんと理不尽な保護者だ」と判断してしまう。教師として考えなければいけないのは，その言葉で保護者は何を伝えようとしているかを知ることである。

　日頃からこの学校では生徒が故意に学校の器物を破損した場合，保護者に連絡して弁償してもらうことになっている。教師が保護者に，「お宅のお子さんが体育館の天井を破損しました。無断で体育館に入り，蹴ってはいけないバレーボールを蹴ったんです。学校の決まりで故意に破損した場合弁償してもらうことになっています」と伝えたとする。体育館の天井修理は高くつくことを知っていた保護者が「弁償」という言葉に反応して，予防線を張ったのかもしれない。「無断で」と言われても，体育館は開いていたはずだから，施錠していなかった学校側の管理体制にも問題があるはずだ。「バレーボールは蹴るものでない」は教師側の理屈であり，ボールが転がっていたら，サッカー好きの男の子なら蹴りたくなるだろうと前述のような言葉になったのかもしれない。

　いくら学校の決まり事だと言ってもそれぞれ事情が異なるわけであるから，一方的な教師の申し出は保護者には受け入れられない。なぜ子どもがそんなことをしたのか十分な説明もなしに，保護者の事情も聞かずに，学校の決まりだけを押しつけると反発が出てくる。そんなときに，日頃の学校や教師の指導に対する不満の言葉が一斉に吹き出すことがよくある。

(2) うちの子どもがタバコを吸うのは学校が悪い！

　ある生徒が学校で喫煙をした。喫煙以外にも茶髪で登校してくるなど生活指導上問題が重なったので，母親を呼んでその生徒の指導をした。後日，「なぜうちの子だけ指導するんだ」と父親からクレームが来た。「うちの子どもがタバコを吸うのは学校が悪い。他の生徒がタバコを吸うからうちの子も吸ってしまうんだ。うちの子に『タバコ吸うな』と指導するんだったら，他の生徒も全く喫煙しないようにしろ。他の生徒が一人でもタバコを吸ったら，承知せん

ぞ」と発言した。他にも教師の対応のまずさなどをついてきた。最後にその父親「学校の対応が悪い。マスコミに言うぞ」と捨てぜりふを吐いた。

　実は，この父親は家庭を顧みず，仕事一筋で生きてきた。子どもの教育も母親任せだった。ところが，母親がここ数年精神疾患で入退院を繰り返し，子どもも非行に走り家庭崩壊の状態だった。家庭の中でどうにもならない父親の思いや悩みが先の言葉になったようだ。

　相手の言葉だけで判断してしまうと，相手の真意を見失うことになる。「悪いものは悪い」という教師の論法で保護者を責め立てても解決にはならない。やったことは悪いとしても，子ども自体は悪くない，成長過程にある子どもはいくらでも失敗して反省を繰り返すごとに成長するんだ。だから心配しなくてもいい。そんなことより，なぜそんなことをしてしまったのか，その理由を保護者とともに考える。大切なことは問題や課題を保護者と一緒になって解決していこうとする教師の姿勢である。

(3)　自分の子どもに悪い成績をつけた教師を辞めさせろ！

　ある母親が「子どもの成績が低くつけられた。うちの子は先生に疎まれている。成績をつけた先生を辞めさせろ」と校長にクレームをつけた。テストの点はよくても，提出物を出していなかったためだが，母親はそれを認めない。実はこの母親は子どもの教育を一切任され，「子どもの成績が悪いのはお前のせいだ」と夫や義母から責められていた。ところが子どもは無頓着で何も気にしていない。そんな母親のいらだちが学校に向けられたのだ。そんなことも知らない担当教員も意固地になり，型通りの説明に終始していた。そこで校長がその教員に，目線を変え親や子どもに寄り添い親の願いと不安を探ることをアドバイスした。担当教員が子どもを放課後残して提出物の課題を一緒にしながら雑談する中で，少しずつ家庭の状況がわかってきた。学校で子どもががんばったことを母親に報告すると同時に，家での様子も聞くようにした。すると母親の態度も少しずつ変わっていった。

　成績のつけ方について，いくら説明責任があるといっても，資料を見せつけ有無も言わせず保護者を納得させようとしてもうまくいかない。まずは，悪い成績をもらった子どもや保護者の気持ちを察してやらなければいけない。

(4)　いじめるのは顧問のせいだ！

　校門のインターホーンを通して，母親を校内に入れた。ところがその母親が

直接教室に乱入,「○○出て来い！　うちの子をいじめているだろ」と叫んだ。教員が取り押さえて，校長室に連れて行ったが，校長室の椅子やテーブルを蹴り倒すほど興奮して，「うちの子をいじめているのは○○部員だ，顧問はどんな指導しているんだ。顧問をここに出して，謝罪させろ」と言いがかりをつけた。一通り暴れたら，落ち着いたので，ゆっくり話を聞いた。この母親，母子家庭で一人息子を何とか立派に育てたいと思っている。ところが，その一人息子は不甲斐ない。自分の意見もまともに言うことができない。悪い友だちにお金を脅し取られたり，万引きを強要させられたりしている。そんな友だちの無茶な要求を断われない息子が情けない，息子の弱い性格を知っていて利用してくる友だちにも腹が立つ。母親の興奮が冷めたのを見て，担任が「お母さん，がんばって育てているのはわかるけど，子どもそれぞれ個性があるんだから，自分の思いを無理矢理押しつけたらだめだよ」と諭した。そして，「息子さんにはいいとこあるよ。あの子は優しい。クラスの車椅子の子の世話をよくやってくれる」と付け加えた。そうすると，母親の表情が突然穏やかになった。

　保護者を納得させるには，教師は学校での子どものよいところを見つけ出し，保護者に伝える努力をしないといけない。先生は自分の子どものこんな所まで見てくれていると信頼してくれる。子どものよい情報をタイミングよく伝えることで，緊張した雰囲気が劇的に変わることもある。

(5)　**過去のトラウマ**

　生徒どうしがけんかで顔面を蹴って右目下の骨を骨折，全治2週間の大きな怪我をさせた。けんか両成敗とはいえ，こういった場合，怪我をさせたほうが怪我をしたほうに謝罪することになっている。怪我をさせたほうの母親が平身低頭謝り，なんとか片がついた。後日，治療費支払いの段階になって，父親が「学校の対応に問題がある。けんか両成敗である。なぜうちだけが謝らされるのか？　うちの子も怪我（実際にはすり傷程度）をしている。うちの子にも治療費を払ってほしい。担任はうちの子を警察に売るのか」などとクレーム。煮え切らない加害者側保護者の態度に被害者の保護者が激怒，いったん決着しかけた事件がどんどん難しい状況に追い込まれていった。学校側の誠心誠意の対応と担任と子どもとの関係がうまくできていたため，時間はかかったが最後には誤解が解けた。

　しかし，なぜここまでこの父親が無理難題を言い続けたのか。最後に父親が,

自分の小学校の時，教室で物がなくなり，自分が担任の先生に疑われてつらい思いをしたことを語った。30数年前のつらい体験がこの父親の教師不信・学校不信につながっていたことがわかった。

この手のクレームはなかなか真意がつかみにくい。中学校にもってこられたクレームの原因が何年も前の小学校の時の担任に対する不信が起因している場合もあれば，事例のように保護者の子ども時代のトラウマによる教師不信もある。いずれにしても粘り強く保護者との信頼関係をつくり，真意が聞き出せるような関係になればいいが，そのために教師は子どもとの関わりをまず第一に，日々の実践に励むことである。

(6) 学校指定の店は24時間営業しなさいよ！

中学校新入生の母親から苦情の電話が入った。「学校指定の店が開いていない。どうなっているの？」と電話口で怒鳴った。その母親が店に行ったのは夜9時，店の開店時間は朝8時から夕方6時。新入生入学案内の冊子にもそのことは記載してある。「学校指定でしょ。学校指定だったら夜でも日曜日でも開いてないとだめでしょ。コンビニでも24時間開いているんだから，学校の指定だったら24時間営業しなさいよ」とますますエスカレートした。

しかし，よく考えてみると，この母親はきっと朝早くから夜遅くまで一日中働いていて，夜遅くか日曜日にしか，入学を迎える子どものために買い物に行けなかったんだろう。ところが，いつ行っても学校指定の店は閉まっている。コンビニは開いているのに…。だんだんと腹が立ってきて，学校へのクレームということになったに違いない。子どものために何とか新しい学用品を買い揃えてやろうと思う親心は察してやらなければならない。

「お母さんがお仕事終ってから店に行かれたら，店が開いてなかったんですね。学校で注文しておくという方法もありますが，お子さんも中学生になられたのですから，お子さんにお金を渡して学校に必要な物品を購入させてはどうでしょう？　お子さんも中学生になったという自覚ができますよ」と提案してみるのもいいかもしれない。

(7) 娘が話をしてくれないのは学校のせいだ！

新中学1年生，出身小学校が異なる女子どうしがトラブルになった。「クラスの女の子に『気持ち悪い』と言われて，学校へ行きたくない」と言っているという電話がA子の母親から担任に入った。「1年生のはじめは異なる小学校

出身者どうしこんなことはよくあることで，お互いわかり合えば仲よくやっていけます」と説得。「気持ち悪い」と言った生徒に謝罪させてその場は終わった。次の日からＡ子が登校しなくなり，担任が毎日家庭訪問をすることになった。Ａ子の父親から「娘は謝ってもらっても納得していない。ショックを受けている。担任は家庭訪問に来るが娘を学校へ連れて行こうとしない。転校したいと言っている。学校が何とかしろ。俺は気が狂いそうだ」という内容の電話があった。その後毎日のように父親から１時間以上の苦情電話が入った。別室指導を提案し，登校するようになった。Ａ子は担任に「友だちとの人間関係がしんどい。別室とわかっていたので気が楽だ」と語った。しかし，父親が「なぜうちの子が別室指導なんだ。相手の子を別室に入れろ」と訴えてきた。次の朝，Ａ子はトイレに閉じこもり出てこなくなった。再びＡ子の不登校がはじまった。その後，父親から再三に渡り，「相手の子を転校させるか隔離させろ」という無理難題を言ってきた。父親は「娘が閉じこもって話をしてくれないのは学校のせいだ」と一方的に怒りをぶつけるだけで聞く耳をもたなかった。母親は「娘は私にはいろいろなことを話してくれるが，父親には一言も口をきかないんですよ。父親が学校に苦情を言うと余計にあの子は閉じこもってしまいます。お父さんはそれがわからないんです」と語った。

　このケースから，両親が一人娘を大事に大事に腫れ物を触るように育ててきた成育過程が読み取れる。子どもは子どもどうしの仲間関係の中でけんかしたり傷つけ合ったりしながら，少しずつ学び成長していくものだが，Ａ子に関してはそういった経験をほとんどしてこなかったようだ。むしろ両親がそれを避けて育ててきたように思われる。思春期に入った娘は父親と全く口をきかなくなった。父親は焦り何とか娘との関係を修復しようとするが，娘の心は離れるばかり。そんな時にこの事件が起こり，父親の怒りや焦りが一気に学校へ向けられたと想像できる。

(8)　息子に土下座して謝れ！

　体育の時間，折りたたみ式の卓球台を片づける際，生徒が不注意で指を挟んで怪我をした。そのまま病院へ直行，幸い軽いけがで済んだ。その日の夜，担任が家庭訪問して状況を説明。母親も一応納得して一件落着したかに見えた。次の日，父親から「学校の管理体制に不備がある」というクレームの電話があった。日頃父親は夜遅くしか帰って来ない。日曜日にしか家にいないというこ

とで，次の日曜日，謝罪のため体育教師と教頭が家庭訪問。父親は子どもを前にして，「こいつだ。おまえにけがさせたのは」「息子に土下座して謝れ」と怒鳴りつけた。授業中に起こった事故であり，学校の管理体制を問われたら，教師は恐縮して謝るしかなかった。

　金銭目当ての場合，相手を脅したあとに，「誠意を示せ」などと暗に法外な治療費や慰謝料を請求してくる。しかし，この父親の場合は子どもの前で自分の威厳を示そうとしているだけだった。日頃は子どもとコミュニケーションがほとんどない父親が，学校でのトラブルがあった時，この時ばかりと自分の存在をアピールするためにクレームを言ってくることがよくある。

(9)　娘を恐れる父親

　父親から匿名で「ある塾が学校の過去のテストを全部持っている。塾で教えてもらった問題と全く同じ問題が出ている。だから，その塾の生徒はみんなよい点を取っている。学校はその塾にテスト問題を漏らしているのではないか？」というクレームがあった。定期テストはテスト後生徒に返すので，塾が問題を持っている可能性はあるし，範囲が決まっているので似通った問題が出る可能性もある。実力テストはその都度回収しているので，塾が問題を持っているというのは考えられない。さらに，その父親は「娘がその塾に通っている友だちに一緒に行こうと誘われているが，その塾のうわさはよくないので行かせたくない。ところが，娘は私の言うことを聞いてくれないので，学校へ電話をかけた。匿名で電話をかけているのは，名前がわかれば娘は『学校へ行かない』と言い出すのではないかと心配だからだ」と語った。

　娘の「友だちと塾に行きたい」という要望に対し，なぜ父親は娘に対して「その塾のうわさはよくないので行かせたくない」と言えないんだろう？　娘の『学校へ行かない』という親への脅しをどうとらえているんだろう？　自分の子どもに対して「だめなものはだめ。できないことはできない」とはっきり言えない。このような親子関係をつくってしまっている保護者は実に多い。こういう保護者が，自分の子どもが思うようにならない不満や苛立ちを学校にぶつけてくるが，その本心は教師に悩みを聞いてもらいたいのである。

8．まとめ

　クレームを言ってくる親の本音は，子育てに悩み困り果て，「先生助けてく

れ」という悲鳴である。保護者の気持ちを受け止めながら話を聞き，クレームの裏にある学校への「願い」と「不安」を探り，解決策を模索する。一見激しく教師を攻撃するクレームに見えても，実はその中にも解決の糸口がある。保護者からのクレームは学校にとって貴重な情報源であり，学校や教職員への大きな期待の現れである。それゆえ，保護者のどんなクレームに対しても教師は真摯に取り組むべきだ。保護者のクレームを一応受け入れ，無理難題を言ってきているけれど，自分の日頃の教育活動はどうなのか自問自答してみる，そんな自己格闘を通して見えてくるものもある。そして，それを乗り越えて教師は教師として成長するものだ。

　しかし，全てのクレームを教師が背負わなければいけないといっているのではない。クレームの中には金銭目的や愉快犯的クレーマーの仕業もある。前者については，明らかに犯罪であり，場合によっては警察などの関係諸機関に相談することである。後者については，クレームそのものが目的ではなく，クレームをつけること自体を楽しみ，対応に苦しむ相手の様子を見て満足を得るという最も悪質なケースである。その中にはクレーマー自身が心の問題を抱えていることもある。この類のクレーマーのターゲットになると，教師が情熱を傾け一生懸命取り組めば取り組むほどどんどん泥沼に入り込んで行く。学校全体が一人の保護者に振り回され，本来の教育活動以外に莫大な時間とエネルギーが費やされ，教師は疲弊していく。袋小路に陥った教師は闇の中でもがくしかない。そんな時は，校長を中心とした体制を整え，学校全体で組織的に対応するしかない。校長は，教育委員会や関係諸機関の支援，弁護士やスクールカウンセラーなど専門家のアドバイスを最大限活かして，学校や教職員を守っていく覚悟がなくてはいけない。

　子どもと関わっていくのが本来の教師の務めである。クレームを言ってくる保護者を納得させるには，教師は日頃から子どもと接する時間を大切にし，それぞれの子どもの性格や行動を観察して，子どものよいところをもっと見つけ出さないといけない。子どもは先生に認められれば，どんどんよくなっていく。子どもが変われば親も変わる。ちょっと教師が子どもや保護者に親切に対応していれば，なくなるクレームはいっぱいあるはずである。

〈参考・引用文献〉
小野田正利（2006）『悲鳴をあげる学校』旬報社
小野田正利（2006）『子どものために手をつなぐ　～学校へのイチャモン（無理難題）のウラにあるもの～』大阪大学人間科学科・教育制度学研究室
小野田正利（2007）『子どものために手をつなぐ　～学校へのイチャモン（無理難題）のウラにあるもの～③』大阪大学人間科学科・教育制度学研究室
小林正幸編（2004）『保護者との関係に困った教師のために』ぎょうせい
嶋崎政男（2008）『学校崩壊と理不尽クレーム』集英社新書
諸富祥彦編（2008）『頼れる校長の「保護者のクレーム解消」技術』教育開発研究所

コラム②

チームで対応する

　対応が難しい保護者の気配を感じたら，周囲はチームづくりを担任に申し出て欲しい。責任感の強い担任が一人で苦しんでしまう事例がよくあるからだ。

◆チームメンバーを決めよう
　担任のほかに，子どもとの関係がよい人（元担任や部活顧問など），担任をサポートできる人（学年主任や教頭など），このような問題に慣れている人（養護教諭や生徒指導担当者など）が入るとよい。

◆情報共有と作戦会議を開き，おおまかな担当を決めよう
　担任は子ども，養護教諭と学年主任は保護者など，おおまかに担当を決める。チーム内での情報共有と作戦会議は，担任の孤立を防ぎ，問題の解決に近づくためにも，短い時間でこまめに打ち合わせを行いたい。

◆スーパーバイザーを確保しよう
　とても難しいと感じる保護者の場合は，心理や福祉の専門家に相談しながら方針を考えていくのが有効だ。相談が早いほどよい解決につながるのはいうまでもない。専門家だからこそ見える解決策もあるものである。

3章　学校管理職のクレーム対応への姿勢

倉吉市立河北小学校　坂出純子

1．本題に入る前に

(1) 顔は4メートルで変わった

　今から5年前の4月1日，職員室から湯沸かし室を通り，隣の校長室に引っ越した。背もたれが私の頭を越えるくらいの背の高い椅子にちょこんと座り，空を見つめあれこれと考えをめぐらせている私を見て，教務の先生が笑っている。笑いながら教務の先生が続けた。「もう，校長先生の顔になっとるで」と。「ええっ！」と，顔を見合わせて二人して笑った。私の顔は4メートルほどの湯沸かし室を通る間に，どうも校長の顔になっていたらしい。「背の高い椅子に埋もれるように座っている姿がおかしい」と言いながら，またまた声をあげて笑った。

　かくして私の校長職のスタートは切られた。どうにもこうにも，この職に初心者マークなどあろうはずはない。後に，この背の高い椅子は私が座った途端，脚が割れてしまった。ここでも大笑い。よほどこの椅子は私には似合わなかったのだろうか。

　さて，私が初めて教頭職に就いたときに，退職された先輩教頭が「いい参謀に恵まれますように…」とのお便りをくださった。その時は，この言葉の意味が深くは理解できなかった。しかし，ここに来て，日に日にこの言葉の意味が心にしみるようになっていった。こんな私だからこそ，この教頭先生をそばにつけてくださり，相方として今まで一緒に歩んできた教務の先生を残してくださったのだと心の底からそう思った。家族の誰よりもいっぱいいっぱい話をし，家族の誰よりも同じ場所で同じ時を過ごした。無理難題や危機を大波小波をかぶりながらも，ともに何度も何度も乗り越えてきたのだ。

(2) 心に残る二人の校長先生

　私には，忘れられない二人の校長先生がいる。一人は，今から36年前の新採時代の校長先生である。クレームらしき電話がかかってくると，「名前を言わんようだったら聞くことはできん！」と言って電話を切ってしまわれた。新米教師の私は，度肝を抜かれた。児童が1,000人を超える大規模校の校長先生であった。私が今でも剣玉がちょっとだけできるのはこの校長先生の影響である。子どもたちの前で，楽しそうに"とめけん""飛行機""世界一周"などの技を披露されていた。記憶によると剣玉協会の何かの役をしておられたと思う。

　あと一人は，前任校の校長先生である。今は県民ふれあい会館の館長をしておられる。この校長先生との出会いがなかったら今の自分はなかったであろう。"危機管理"について，特に何かを言われたわけではないのだが，危機管理意識を大きく育ててもらったと思っている。言われたわけではないのにそう思っているのは，難題に果敢に立ち向かっていかれる姿から実に多くのことを学んだからだ。気になる新聞記事をよくポンと机の上に置いてくださっていた。誰よりも何よりも早く，的確に行動される姿はそばにいて圧巻であった。ある日，通販で刺股（さすまた）を見つけられ，あっという間に教室に刺股が備えつけられた。それから数年後に防犯用具として刺股がクローズアップされたのである。何年か先を見通す力はすごいものであった。

(3) なぜ校長に

　私が校長になろうと思ったのにはわけがある。当時，自分はとうてい理解しがたい大きな課題を抱えていた。悩む仲間と一緒にいるだけしかできない自分が情けなかった。何もできない自分。一緒にいて話をするだけしかできない自分。見えない出口。その出口を探す気力さえなくなっていった。今であればもっと別の道が選べたであろうか。そうならないための何か別な方策が考えられたであろうか。今でもわからない。しかし，やはり校長でないとできないことはある。校長になるしかない。

　「なぜこじれてしまったのか」「クレームの裏にある本当の思いとは」「理解し合うためには」「職員を守るとは」を真剣に考えた。「関係づくりの大切さ」「記録を残すことの大切さ」等々，しんどい思いの分だけ学んだことはとってもとっても大きかった。

２．河北小学校の校長として

(1) 地域の学校として生きる

　子どもたちが集まれば，学校の規模にかかわらず様々な問題が出てくる。河北小学校ももちろん例外なく様々な課題を抱えている。校長室には歴代学校長の写真が掛かっている。ときには「しっかりせい！」と，またときには「ご苦労さん」と声をかけてもらっている（と思っている）。前任校長の意志を受け継ぎ，まずは地域や保護者の信頼をより強く得たいと願った。それには「地域の学校として生きる」ことである。

　でき得る限り，負の部分の情報発信を行った。学校の玄関が荒らされたとの情報に，反響はすぐさま出てきた。「大変でしたね」とのねぎらいの言葉や「ときどき見回りをしておくから」との心強い言葉…。「地域の学校として生きる」という目標が少しずつ現実味を帯びてきた。学校が抱える課題や教職員のがんばりを伝えていくことが，学校を正しく知ってもらうことにつながっていく。そして，少しでも多くの地域の方や保護者の心を学校に向けてもらうことが，お互いを理解していく上で大切なことなのである。

　以上のような思いから５年前に「河北の応援団」を立ち上げた。いわゆる学校支援ボランティアである。応援団の人数は少しずつではあるが，年々増えてきている。子どもたちは，本当にいろいろな姿を見せてくる。家庭でしんどいことがあっても，先生に叱られても，地域の方たちに認められることだってある。だからこそ地域のみなさんの力が必要である。かつて河北小にわが子が通っていたので何か恩返しをと言われる地域の方や，子どもや孫は通っていないけれど私が住んでいる地域の学校だからという理由で名乗りをあげてくださった方など様々だ。昨年度は45名と１自治公民館が名乗りをあげてくださった。

　「地域の学校として生きる」ということだが，連携はあくまでも手段であって目的でない。「学校に入っていただく河北の応援団の活動」と「子どもたちや教職員の地域に飛び出し地域とつながる活動」とが両輪となって，それぞれに混ざり合い，いい味を出してこそ，教育目標に近づくものと考える。この教育目標達成のために「河北の応援団」はある。

　「地域の学校として生きる」ために心がけたことを幾つか紹介しておこう。①広告塔としての校長の働きである。地域に教育目標を発信していくことはも

ちろんなのだが，一見マイナスに思える要素，つまり，学校が抱える問題点も発信していく。すると，学校を気にかけ，助けてもらえることは多い。あわせて教職員のがんばりも伝えるよう心がけている。また，公民館長会・民生児童委員会・地区の女性会など地域の様々な会合に出席し，子どもたちのことや教職員のことをお願いしている。

②学校は何かをさせられるところではなく，何かができるところであるという学校観のとらえである。教員も子どもも，ひょっとして地域も，今までの経験から「学校はこんなところだ…」ととらえてしまっているのではないだろうか。地域に飛び出していく子どもたちに初めはとまどいもされるが，やがて温かなまなざしに変わっていく。

③すでにどの学校でも行っていることであろうが，重点目標と学校評価を連動させるということである。結果は必ずいろいろな場で公表していき，協力を得る。この連動によって方向性がかなり変わってくる。

④「河北の応援団」を含めた地域の方たちの活動の様子や顔を教職員や子どもたちに知らせるということである。そこから，家庭へ，そして地域へと広がっていく。口から口へ…。これがいちばん強い。

⑤「心には心で応える」ということである。子どもたちの登下校についてくださる方に保護者の方が軽く会釈をする。もうそれだけで関係は変わってくる。いかにして活動を知らせ，このような関係につなげていくのかということだ。

⑥地域連携担当者の育成である。いつまでも管理職が舵をとってばかりではいけない。学校職員全員が学校の顔である。一人一人が担当者の気持ちで地域とつながることは大事なことである。

　学校が今，何に困り，何を必要とし，何をしようとしているのかを知ってもらう中で，学校や教職員に対する理解は深まっていく。

(2) 「単年度学級編成」と「河北のスタンダード」

　平成21年度より河北小では，「単年度学級編成」に取り組んでいる。毎年クラス編成をし直すというものである。賛否両論あろうが，本校の場合，子どもたちにとっても教員にとってもよい結果をもたらしている。準備にはまる2年を費やした。

　また，同じく平成21年度より，「河北のスタンダード」づくりに取り組んでいる。毎年多くの教職員異動がある中で，指導の軸がぶれないようにとの思い

からである。ともにつくり上げていく過程を大事にしており，完成が目的ではない。今では「学習編・図書館編・給食編・そうじ編・生徒指導編・教職員編」がある。これらは，学習や生徒指導上でのトラブル，また，児童や保護者への教職員の対応に対するトラブルなどの未然防止にもつながり，ひいては教職員の多忙化の未然防止や軽減につながる。自分たちの多忙という現実を知恵と工夫で多忙化防止につなげていくことはできる。防止することによって問題を起きにくくすることも可能となってくる。ささやかではあるが，大きな結果が期待できる取り組みである。

(3) チームで動く学校経営

　不登校への対応を例にあげてみよう。未然防止策とその対応には以下のような取り組みが考えられる。

> ・朝の迎え・家庭訪問・個別の授業対応・個別の教材づくり・個別の給食対応・保護者の教育相談・家庭への連絡・各専門機関との連絡，調整と対応・支援会議に関わる業務　など

　とうてい担任一人では抱えられるものではない。これは，この他の生徒指導・特別支援教育などについても同じことがいえる。サービス精神旺盛な私たちは子どもや保護者のちょっとした姿や言葉に喜びを感じ，ときには落ち込みもするが，小さな喜びを大きなエネルギーに変えて日々がんばっている。「教材研究」に「トラブル対応」，「提出物」に「会合」等々。リッター30キロどころか，50キロ，60キロだって動いてしまうわれわれ教職員。その中にあって家庭人としての自分もやはり大事である。これらのがんばりをもっと効果的ながんばりに変えたりつなげたりすることはできないものかと考えた結果が，「チームで動く学校経営」である。一人で背負い込まない・入り込まれることに慣れる学校経営である。

　トラブルは誰にだって，いつだって起こり得るものである。「担任として一人で何とかしよう」「こんなはずではなかった」「だめな教師と思われてしまう」「自信喪失」「過剰反応」「できれば秘密にしておきたい」などの気持ちが働いてしまう。検証軸は子どもなのに外部にばかり目が向いてしまい，大事なものを見落としてしまう。学級経営までうまくいかなくなってしまっては大変である。一人で背負い込まない・入り込まれることに慣れていく私たちの意識改革が必要である。チームで動けば，担任の言動は学校の総意にもなるのだから。

(4) 先生たちの仕事を知らせる

　知られているようで案外知られていないのが先生たちの仕事である。まさか，先生たちには夏休みがあっていいなあなどと思っておられる方はもういないだろうが，今，多くのことを望まれ，期待されている学校現場は大変である。

　学校教育の枠を越えた要望までもが学校に求められている現実に，子どもたちのために何とかしなければと時間を超過して動いている先生方の姿がある。わが校では実に20以上もの専門機関との連携を図っている。専門機関との連携がなければ学校教育は成り立たない。子どもたちの命を守ることもできなくなってしまう。こんな先生たちの現実を，ときには校長室便りで，ときには地域の会合で伝えていかなければと強く思う。

　お互いに興味をもち，知り合おうとすることは，お互いを理解することの土台となる。

3．校長としての基本姿勢

(1) 言いやすいところへどうぞ

　「まずは担任へ」という言葉はよく言われる言葉であるが，私はいつもそうとは思わない。学校現場が担う役割がこれだけ多様化してきている中，それぞれがもつ分掌もかなり特化されたものがある。

　河北小学校では，「特別支援教育」「生徒指導」「人権教育」「教育相談」をばらばらにとらえるのではなく，「教育相談」をトップに置き，それに「特別支援教育」「生徒指導」「人権教育」をリンクさせていく組織改変をして5年目を迎えた。それは，一人の子どもを輪切りにして見ないという考えからである。それぞれの担当は一生懸命である。しかし，つながりにくい現実があった。この組織改変により4年の間に不登校で名前のあがる子どもの数はずいぶん減ってきた。

　保護者や家族は言いやすいところへ言って当然である。たまたま出会った前担任や養護教諭に言うことだってあるでしょう。それをよしとして受け入れることが大事である。「担任である自分になぜ言ってくれないのか…。」なんて言ってはいられない。訴える保護者や家族は必死なのだから。しかし，ここで組織としてきちんとしておかなければならないことは，その訴えや願いがシステムに乗っかった"報・連・相"としてトップにまで上がってくるかということ

である。管理職は言われた教員に決してマイナスのレッテルを貼ってはならない。一緒に動いてなんぼの学校経営である。自分の教育に入り込まれて本当によかったという思いを一人一人がもたなければ何も解決はしない。聞かされることにも入り込まれることにも慣れていかなければよい方向へは進んでいかないのだから。

　組織改変に伴い，教育相談の任を負った文部科学大臣優秀教員表彰を受けるほどのベテラン養護教諭が，ある時「私，教育相談がちょっとだけわかってきた」と言ったのだ。これには私のほうがびっくりしてしまった。すごい言葉だと思う。謙虚に慎重に，それでいて的確に担任にアドバイスする姿は本当に頼もしい。

(2) **入り込まれることに慣れよう（それには教職員をとことん支える）**

　よかれと思ってやったことでも，ちょっとした配慮に気づかず真逆にとられてしまうことだってある。また，悪気はないのだが，大事なことを見逃してしまうことだってある。そこを突かれて悲しい思いをすることは多い。

　しかし，私たちは職務に厳しく向き合える自分でありたい。昨年度から目指す教師像の中に「一人の社会人として」という項目を入れた。そこに「職務に厳しく向き合う教師」「同僚に適切なアドバイスができる教師」「間（はざま）の仕事を見つけ働くことのできる教師」などを入れた。

　何かトラブルが起きたとき，担任として当然，まずは自分だけの力で何とかしようとする。抱え込んでしまうと問題は深くなり，見えにくくなってしまう。

　入り込まれることを許容できるハードルの高さは個人によって違うのだが，自分の教育に入り込まれて本当によかったという思いが共有できなければ効果は上がらない。中途半端には支えない。支えるときにはとことん支える。問題を抱えている者への提言・言葉かけをしていく。情報と時間を共有する。同僚性をもって支える。これらのことが大事である。

(3) **システムに乗っかった報・連・相**

　見えやすい組織にするためには，まず「システムに乗っかった報・連・相」である。

　今年度のわが校の場合，職員室の前の席の５人（教頭・教務・事務・養護教諭・事務補助）と中ほどにいる教育相談担当職員との連携は特に不可欠である。それぞれが何を考え，何を行っているのかが心地よくわかり合えるときには，

対応もスムーズにいく。忙しさに紛れて連携がうまくとれていないときには対応が後手後手になってしまうこともあり，担任の迷いにつながったり，学校としての基本姿勢にぐらつきが生じたりする。だからこそ話さなくてはならない。先生たちを迷わさないためにも，6人との連携は本当に大切である。

「システムに乗っかった報・連・相」はトラブルの未然防止・的確な初期対応にもつながっていく。

一日を振り返るとき，今日はあの先生とこんな話をしたなあ。あれはどうなっているかなあと思う。そうだ，明日はいちばんにあの先生と話そう。こんなことやあんなことを一日の終わりに考えている。

(4) ガス抜き役の校長業務

ある参観日，校長室前の廊下に一人の保護者の姿があった。見つけた教育相談担当の養護教諭がいつも携帯電話を持ち歩いている私にすぐに連絡してくれた。校長室であれこれと話を聞いた。子育ての悩み・担任への感謝…。こんな時間は本当に必要だ。もちろん担任にも伝える。入り込まれることに慣れた担任は，「この前，初めてありがとうと言ってもらえました」と喜びの顔であった。

子育てがうまくいかない・友だちに迷惑ばかりかけている・学校から電話があるとドキッとする・本当にうちの子ばかりが悪いのか…等々，親たちは本当に悩んでいる。悩んでいる間は子育てを捨ててはいない。こんな親のガス抜き役も校長の大事な業務と考える。参観日に来ている親を見つけては校長室につないでくれる教育相談担当の動きはすごい。学級懇談も終わり，担任・教育相談担当・関係の先生方を交えての話がはずむ。チームで取り組む河北のよさがここにある。校長室が喫茶「河北」になる。喫茶「河北」はわれわれにとってもガス抜きの場でもある。

4．わかり合うために

(1) なぜトラブルは起きたのか

平成23年度から「河北のスタンダード」に「教職員編」をつけ加えた。当たり前だと思っていることが理解し合えていない現実に遭遇することが多々あったからだ。当たり前であろうととらえられていることからのトラブルも多い。先輩教員から見よう見まねで学ぶ文化が息づいていたであろう時代を懐かしん

ではいられない。伝えてこなかったのは自分たちであるのだから。

「せっかく電話したのに,あっそうですかとは何だ」「同じことを言わせるな。去年も言ったことだ…」「前の先生と言っとることが違う」「連絡帳に書いていたのに…」。学校には様々な言葉が投げかけられる。

教職員編には「"おはよう"から"さよなら"まで」に始まり「危機管理意識をもちましょう"電話の受け方"の熟読」「学習道具の取り扱いについて」「集金について」「学校事故について」「時期的な安全指導について」などの項目がある。教師としての基本的な構えが書かれている。基本的な構えの上に工夫が生まれ,担任としての色が重なる。教職員編は保護者との関係をよくするための未然防止にも役立つはずである。

(2) クレームの裏に見え隠れする思い

校長1年生のとき,ある保護者が勢いよく校長室に入って来られた。あまりの勢いに職員は危険ではないかと感じ,心配そうに校長室をのぞいていた(と後でわかった)。クレーム対応の一番はしっかりと聞くことだ。とにかく聞く。とことん聞く。タイミングよくお茶が出され,タイミングよくコーヒーが出された。職員に感謝。

1時間以上はたっただろうか。一見クレームと思われる事象の裏に見え隠れするものが少しだけわかってきた。地域になじめないであろうしんどさに,思わず「しんどいですね」の言葉が出た。その一言に「ええっ?」というような表情をされた。特に何も解決らしきことに話はいかなかったのだが,それからというもの何度かやって来ては話をして帰って行かれた。これは…というようなこともあったのだが,どんな場合も親の願いはただ一つ。子どもが喜んで学校に通うことである。ならば同じ土俵に立てる。

これらの事象から学ぶものは多くある。今まで聞いていた印象とは違う。担任や他の教職員にも伝えた。こちらが苦手意識をもって対応すれば,それはすぐさま相手に伝わる。挨拶から始めよう。見かけたら声をかける。「こんにちは」と言う。時間はかかったが,挨拶を交わせる関係になっていった。

しかし,この事案とは別に,危険を伴う場合だってある。子どもや教職員に危険が及ぶと判断した場合,迷わず関係機関へ通報する必要がある。学校は命をかけてまで来るところではない。安全な場所でなければならないのだから。管理職はもちろんのこと,教職員にも磨かれた危機管理意識が必要である。

3章 学校管理職のクレーム対応への姿勢 43

「これでも万全ではない」という思いをいつももち続けていたい。

5．学校自慢

(1) 子どもが言える教育目標「明日を楽しみにできる学校」

　本校の教育目標は「明日を楽しみにできる学校」である。学校には大きく分けて二つの任務があると考えている。一つは「学力向上」，もう一つは「社会性を育てる」という任務である。「教育目標」は，どこかから言葉を引っ張ってくるのではなく，今ある学校の課題を洗い出し，昨年度の反省を生かし，うまくいったところはさらに伸ばし，足りなかった部分は改善していき，こうありたいという願いをもっての目標である。したがって，全ての教育活動はこの目標に立ち返るわけである。

　去年の6年生もそうであったのだが，学校の教育目標を子どもが言えるのである。いやそればかりか，その意味を新1年生に伝える高学年の姿が見られるのである。何年も学校現場に勤めているが，学校の教育目標を5年生や6年生が言え，後輩に伝えるという経験は初めてであった。この教育目標はとても覚えやすく，イメージしやすいということもあろうが，これは担任の指導によるところが大きい。実際に，学校目標を黒板に書き，学年目標や学級目標を子どもたちと一緒に考えている場面に何度か出会ったことがある。子どもたちとの生活を日々自分たちが立てた学級目標に立ち返って学級経営をしていった結果，学校の教育目標が言え，伝えることのできる子どもたちになっていったのだと思う。すばらしい子どもたちであり担任である。

　広告塔である私は，いろいろな場に出かけて，学校の目標を伝え，子どもたちや教職員，また学校のことをお願いする。地域発信はいうまでもない。学校を知ってもらうことが「地域の学校として生きる」ことにつながっていく。

(2) 教職員が語る学校自慢

　河北小学校の教職員は自分が勤務している学校のことをどうとらえているのか。昨年度，市教育委員会の計画訪問があり，その中での教職員が行った学校自慢から幾つかあげてみることにする。市教育委員会の計画訪問であるので2割か3割増しだと思って読んでいただいても構わない。自慢する時間が足りなくなってしまい，途中一人一つまでと司会者から制限されてしまい，笑いが起こった。

- いつも新しい発見がある。河北小は奥が深い。
- ユニークな発想をもつ先生がいる。
- 地域とのつながりを強く感じる。地域の方が声をかけてくださる。
- 教職員が力を合わせている。急なお願いにも対応してくれる。
- SOSに応えてくれる。
- 困っていてもみんなのおかげで何となくできている。
- みんなで仕事をしている。
- 間（はざま）の仕事をよくしている。
- 「お疲れ様」の声かけがあってうれしい。
- ありのままを受け止めてくださる。
- 言うべきことをきちんと言ってくれる。
- 同僚性がある。
- 子どもたちにどの職員も目をかけている。
- 押しつけではなく創り上げていく「河北のスタンダード」がある。
- 遠足主任，来年もやりたい！

①上から3番目に地域のことが書かれている。地域に心を向けている職員がいるということ，地域の方が学校に，職員に心を向けてくださっているということ，こんな姿をうれしく思う。ちなみに数年前の学校評価「教職員は気持ちのいい対応をしている」という項目の評価はかなり厳しく低い評価であった。教職員の日々の踏ん張りが少しずつ伝わっていったのだろう。

②「同僚性がある」という言葉が，若い先生から出てきたことはうれしいことである。計画訪問の後，ミドルリーダーの先生がうれしいと言って校長室に入って来た。二人で喜び合った。

③いろいろあっても「言うべきことをきちんと言ってもらえ」「助けてもらえる」「いろんな先生が子どもたちに目をかけ声をかけている」という職場であるという学校自慢がこれまたうれしい。「あんな職場で働きたい」「あんな学校に通わせたい」「この学校に協力したい」という教職員や地域の方が増えてくることにつながれば，またまたうれしいことである。

(3) 校長が語る教職員自慢
　教職員を語らせたら，何時間でも語れそうな気がする。いやきっと語れるであろう。大変であろうによく踏ん張っている。ミドルリーダーたちは若い先生をよく支えている。放課後の職員室は実ににぎやかである。学年団で打ち合わせをする者，子どもが書いた日記に感動の声をあげる者，うまくいかないと同僚に相談する者，浮かぬ顔の同僚にさり気なく声をかける者…。こんな職員集団に触れていたくて，校長室から4メートルの道のりをせっせと行ったり来たりしている自分がいる。
①「本当にヘルプしていいですか」
　今年度，約3分の1の職員が入れ替わった。新任の先生が同学年の若い先生にこう聞かれたそうだ。「学級が大変なとき，本当にヘルプしていいですか。自分の力が足りないと思われませんか」と。聞かれた先生は，「大丈夫です。そんなこと思われませんから安心してヘルプしてください。何人も助けに来てくださいますから」と答えたというのである。そういえば，教職員の学校自慢にも「SOSに応えてくれる」ということが書かれていた。きちんと答えた若い先生もすごいが，本当に大丈夫かと聞いてくれた先生もよくぞ聞いていただいた。大丈夫，大丈夫，みんなでやっていくんだから。何とかなるから。河北魂がここにも息づいている。
②初めての級外，気がつけば職員室に一人…
　今年度，教員生活初の担任外のベテランの先生がいる。新年度が始まって一週間くらいたった頃だろうか。「校長先生，気がついたら職員室に一人でした。みんなどこに行っとられますか。何をしたらよいのか…」と言われた。思わず笑ってしまった。そうだそうだ自分もそうだった。学校の動きをキャッチしなければ動けない。事件は現場で起こっている。「歩こう歩こう校内を」ということになった。
③保護者さんからの感謝に涙
　担任を動かすいちばんのエネルギー源は，子どもと保護者からもらう何気ない一言である。私が百回担任を褒めたとしても子どもや保護者からの一言にはとうていかなわない。子どもたちが日々呈する様々な言動に，励まされもするが傷つきもする担任。時には自分を追い込み，それでもと己を奮い立たせる。そんなこんなで過ごした数か月間。「先生，ありがとうございま

す」という保護者からの初めての言葉に担任が涙した。私にまで「校長先生，お世話になります」と言われた。思わず，「はい，担任と一緒にしっかりとお世話をいたします」と答えた。お母さんの笑い顔に涙が光っていた。

　どんなことがあっても子どものせいにしない担任。どんなことがあっても親のせいにしない担任。こんな担任たちを心の底から誇りに思う。本気でサポートしなければ。中途半端な助言は必要ない。SOSが発信できる職場づくり・とことん支援できるチームで動く体制づくりは校長の最も重要な役目である。

④「校長先生，○○先生と組ませてくださりありがとうございます」

　何度この言葉を聞いたことか。河北小のミドルリーダーたちは，先生方の話をよく聞く。一緒に教材研究をする。そんなミドルリーダーと組んだ若い先生が私に伝えてくれた言葉である。一緒に組ませたのは確かに私ではあるのだが，その先生からの学びを手に入れたのはこの若い先生である。学ぼうという気持ちがなければこの言葉は出てこない。ありがとうと言わしめた先生とありがとうの感謝の気持ちをもった先生，その関係は深く，尊いものである。

⑤「主任に会いたい…」

　新年度が始まってすぐ，まだ始業式を迎えていない職員室で若い講師の先生が目にいっぱいの涙をためて何やら紙を折っている。どうしたのかと尋ねると，「（昨年度の）主任に会いたい…」と一言。その主任は育児休暇をとって今年度はお休み。今年度の主任が隣で笑いながら「私で悪かったねえ」と言っている。その光景を見て，職員室に笑いが起こった。昨年度，初めて学級担任をしたこの講師は，とことん主任について走った。すばらしい主任との出会い。その出会いによって成長した講師。支援の必要な児童や保護者対応に1学期でダウンしてしまうのではないかと本気で心配した。当たって砕けたことも，いや，砕け散ったことも一度や二度ではなかった。しかし，そこからの学びは大きかった。砕けたとき，砕けそうになったとき，いつもそばには主任と兄貴分の先輩教師がいた。

　涙に誘われて，会いたい主任に電話をかけた。私の携帯をほらっと差し出すと，「主任?!」と飛びついてきた。伝えたいことは山ほどあったであろうが，うまく話せない。「泣くのは子どもが出てきて，仕事が始まってからに

しなさい！」と温かな檄を飛ばされたようである。さすがの主任である。講師が折っていたのは音読カードの紙であった。この主任との初仕事は音読カード作りであった。それを思い出し思い出し，そしていつも私が言っている「間（はざま）の仕事をする教師」を目指し，全校児童数分を折っていたというのだからあっぱれである。「すごい！」と褒めたついでに「採用試験，がんばれ！」と私も檄を飛ばした。涙に笑顔が似合うすばらしい教師にきっとなるであろう。

　私の教職員自慢はこの調子でいくと延々と続いてしまいそうであるので次にいくことにする。ただここで伝えたかったのは，「教職員の学校自慢」にもあったように，みんなで仕事をしているという実感がもてるか，SOSを安心して出すことができるか，そして言いにくいことも言ってもらえる同僚性が育っているかということである。誰が担任しても，誰が子どもたちに関わっても何かが起きる。チームで関わり対応していくことが同僚の声をキャッチできる職員集団をつくることに，さらには問題を起きにくくすることにもつながっていく。

6．悩み3秒

(1) 寝るのも3秒

　「悩み3秒」。私はえらくこの言葉が気に入っている。ある日，古川先生と電話でお話をしていたときにいただいた言葉である。このときは，ちょっと大きな問題を抱えていた。「坂出さん，悩み3秒だよ」「そうか，3秒悩んで4秒目には立ち上がり歩いて行くのか」と思った。「先生，私，横になったら3秒で寝てしまいます」と言ったら，「だったらまだ大丈夫だ！」と言われてしまった。

　「悩み3秒」。実にいい言葉である。

(2) 寝かせる

　校長になって学んだことはいっぱいあるのだが，その一つに「寝かせる」ということがある。何か選択に迷ったとき，もちろん即決しなければならないことはあるのだが，即行動で失敗した経験は何度もある。寝かせすぎて機を逸してしまったこともなかったわけではないのだが，やはり考えを熟成させる時間は必要である。寝て起きればよりよい対応の仕方が見えてくる場合も多くあっ

た。職員を路頭に迷わさないためにも，わからなければ聞く，そしてときには寝かせる姿勢も大事である。

(3) 心強いPTA

困ったことが起きたとき，たいていのことはPTAの役員さんに「報・連・相」をしてきた。行きすぎたことも足りないことも，学校の実情を話し，協力を求める。信頼し，わかり合える関係は大事である。PTAは立派な「河北の応援団」なのだから。

(4) 勇気をもって決断を

昨年度，対応で大いに迷うことがあった。ここで対応を誤ると，河北丸は沈んでしまうと思った。そのときに大切にしていた二枚の葉書をしみじみと眺めた。一枚は前校長からの退職時の葉書である。「勇気をもって決断を！」と書かれていた。もう一枚は先輩校長からいただいた校長1年生の私に宛てた葉書である。「校長職には困難をも越える喜びがある」と書かれていた。どちらもいただいてから数年経っている。いつも，いつまでも私の応援歌である。

コラム③

複数で保護者に会う

難しい保護者との面接の際は，2～3人と複数で会うことが大事である。

◆複数で会うメリット

複数で会うことで考えられるメリットは以下の3点である。
① 気持ちにゆとりが生まれて冷静に対応できる
② 保護者のほうも話題に応じて言いやすい人に話ができる
③ あとでもめることになっても，参加した人に証人になってもらえる

◆複数での会い方

「養護の先生がお子さんから話を聞いているようなので，入ってもらってもよいですか」などと了解を求めないほうがよい。断られてしまうと複数での対応ができなくなるからである。だから当然のように面接の場にいてもらい，どういう人かを紹介するとよい。そして，司会や記録などの役割をお願いしてスタートするという方法もある。

保護者のほうも話したい人に向かって話すことができるので，複数で会うことが結局保護者にとってもよい結果になることも多いものである。

4章　気になる保護者からのクレーム対応

北九州市立大学　楠　凡之

1．はじめに―「気になる保護者」とは

　保護者からのクレームがかなり激しいものであったとしても，そのクレームの理由や保護者の思いがはっきりと理解できる場合であれば，比較的とまどいは少ないであろう。しかし，保護者からのクレームの内容がどうも了解しにくいものであったり，起こった事象に対して，クレームがあまりにも激しすぎるときには，学校教員のとまどいがとても大きくなるのは当然であろう。しかし，保護者の抱えている問題や背景が見えてくれば，理解しにくいと感じていた保護者の思いや感じ方が了解できるようになる場合も少なくないのではないか。

　本稿では，「気になる保護者」という言葉を，そのやりとりの中で何かしらの「違和感」を感じたり，その言動に対する了解の困難さを感じる保護者の意味で使用している。

　筆者は教育現場で，その言動の理解と対応に困難さを感じる「気になる保護者」の背後にある問題を，①発達障害，軽度の知的障害の問題，②生育史あるいは過去の体験の中で築かれた「未処理の葛藤」の問題，③パーソナリティ障害の問題，④うつ病や統合失調症などの精神疾患の問題，に分けて，その理解と支援の問題を考察している（楠凡之　2008）。

　今日，好むと好まざるとにかかわらず，「気になる保護者」の問題を理解し，適切な関係づくりを進めていくためには，これらの知見が学校現場にも求められてきているといえよう。

　本稿では，紙面の関係もあり，主要には三つの問題（発達障害，過去の「未処理の葛藤」，パーソナリティ障害）にしぼって「気になる保護者」の問題を整理し，その理解と対応の課題を検討していきたい。

2．「気になる保護者」と発達障害

―― 事例1　わが子の不登校の問題で担任の教師を激しく非難し続けた母親 ――

　母親は子育てを一生懸命やっているのだけれども，初夏なのに小1のわが子のお腹の調子が悪いとお腹にホッカイロを貼るというように，どこか状況判断のずれを感じさせられることがある母親であった。

　トラブルのきっかけは，子どもが給食を引き金にして学校に行き渋り始めたことであった。担任の女性教員の行った指導は，その男児（小1）に対して「嫌いなものでも，少しはがんばって食べてみよう」というような通常の給食指導であり，嫌いなものを無理に食べることを厳しく要求したわけではなかった。

　ただし，その男児には感覚過敏の問題があり，ある食材の舌触りが我慢できなかったようで，そのことから給食と給食がある学校への嫌悪感，恐怖感が強まり，登校を渋るようになっていった。この男児はそれから2年後に療育機関を受診し，広汎性発達障害の診断を受けている。しかし，この段階では未診断であり，保護者からの給食に関する要望も特に出されていなかったため，通常の給食指導をした担任に特に落ち度があったわけではないと考えられる。

　しかし，子どもが学校に行かなくなってからは，「担任の人権無視の指導のせいでわが子が学校に行けなくなった」と母親は執拗に担任を責め続け，校長や教育委員会にも厳しい処分を要求し続けた。男児が3年生になり，担任の教師はすでに他校に転勤していたが，転勤先の校長にも抗議の電話と手紙をして，担任に再び謝罪文を要求，それがなければ裁判に訴えると主張した。結局，すでに2年以上が経過していたにもかかわらず，担任は校長の命令で再び謝罪文を書くことになった。

　ちなみに，この事例は男児のみならず，母親にも同様の発達特性が感じられる事例であった。当然のことながら，子どもだけでなく，保護者の中にも発達障害の問題で様々な生きづらさや対人関係での困難さを抱えている人はおり，そのことが学校と保護者との人間関係の形成に著しい支障が生じている場合も少なくない。ここでは，発達障害の中でも，対人関係の困難さが大きい広汎性発達障害の問題について，幾つかの局面から見ていきたい。

①相互的な人間関係を築いていくことの困難さ

　相手がどう感じているかにはおかまいなく，一方的に自分の思いを語ったり，逆に，相手の話を受動的に聞いてはいるが，それに対する自分の思いを語ることはできないというように，相互的な人間関係を築いていくことが困難である。

　育児においても，「わが子のためによかれ」と思って関わっているにもかかわらず，わが子の感情やニーズを適切に理解して関わりを調整していくこ

とが困難であるため，結果として不適切な養育になってしまうことも少なくない。
②コミュニケーションの障害
　言葉の使用方法が独特であったり，言葉を字義どおりに受け止め，比喩や冗談が理解しにくい。例えば，小学校1年生の担任が「椅子も生きているのだから，大切にしてあげてね」と子どもに語ったところ，「椅子は生きていないのに嘘を教えた。謝罪してほしい」と連絡帳に抗議文を書いてくる。
③こだわりの強さ（想像力の障害，視点の変換の困難さ）
　一つのことにこだわりだすと，なかなかそこから離れられなかったり，ずいぶんと時間が経過して，またその問題を持ち出してしまうこともある。例えば，子どものささいなけがに執拗にこだわり，何度も抗議してくる。同じ話を何度も繰り返し，一向に話が進展しない。
④感覚過敏，（逆に，感覚の鈍麻）
　聴覚，視覚，触覚，嗅覚などが通常の人と比べてきわめて過敏な場合がしばしばある。そのために，他の人からみれば小さな音をとても苦痛に感じたり，わずかな身体接触にも過剰に反応して相手に抗議する場合なども生じてくる。
⑤「心の理解」の障害
　自分の思いから離れて，他者の思いや感情を適切に理解することが困難である。そのため，相手の感情を逆なでする発言をしてしまったり，相手の気持ちを考慮せずに，自分の思いで一方的に関わってしまい，結果的にストーカー的な行為に至ってしまうこともある。
⑥実行（執行）機能の障害
　自分の行為を計画，実行，監視（モニター），修正する心理機能が弱い。そのために，行事の予定が急に変更になったり，電車が遅れたりするとその変化にうまく対応できず，パニックになったり，激しく抗議してしまう。
⑦全体知覚の困難さ
　例えば，相手の話の中でどこがポイントかを理解することが苦手であるため，話の細部にこだわってしまい，肝心のところが理解できない。逆に，相手にとってどこが必要な情報かを理解して話をすることが困難であるため，話を聞いていても要領が得られにくい。また，全体の文脈ではなく，言葉の

言いまわしや細かい表現にこだわって抗議してくるような場合もある。
⑧タイムスリップ（フラッシュバック）

　過去の経験とそのときの感情があたかも今，起こったことのように感じてしまう。そのために，例えば，話し合いの中で，ずいぶんと過去のこと（例えば，数年前のできごと）が持ち出されてきて苦情が出されてくることもある。
⑨二分法的思考（all or nothing）の強さ

　「好きか，嫌いか」「勝つか，負けるか」「自分よりも上か下か」という二分法的評価が非常に強いため，自分よりも下だと判断した相手には上から目線の物言いになったり，わが子や教師に対しても両極端な評価になりがちである。
⑩被害的な認知の強まり

　過去の被害体験などが影響して，対人関係を被害的に認知，解釈することが多くなりがちであり，その結果，相手のささいな言葉を悪意に解釈したり，わが子と他の子どものトラブルなどでも被害的な受け止め方をしがちである。

　学校現場でトラブルになる保護者の中にも，このような発達特性あるいはその二次障害の問題を背景にもつ保護者が含まれている。それだけに，保護者の発達特性を適切に理解し，特別支援教育の知見（視覚的な支え，あいまいな表現は避け，要点を明確に伝えるなど）も生かしつつ，保護者が理解しやすいコミュニケーションに心がけていくことも重要になってくると考えられる。

3．「気になる保護者」と過去の傷つきや「未処理の葛藤」の問題

事例2　保護者からいじめの訴えに対する学校の対応が不十分と言われている。

　　　　　（東京都教育委員会　平成23年3月「学校問題解決のためのヒント」より抜粋）
　「子どもがいじめられているように思うので，調べてほしい」と，Aさんの保護者から担任に相談があった。担任もAさんが仲がよかった友だちと一緒にいないことが気になっていた。それぞれの子どもから事情を聞くと，Aさんは仲よしだった友だちが周りからいなくなってつらいということだった。他の子どもたちからは，運動会の係分担でAさんだけが人気がある役割になり，それをAさんが自慢したことから，Aさんと距離を置くようになったことがわかった。学校としては，いじめというよりも，成長の過程での人間関係のトラブルととらえ，お互いの了解のもと，Aさんと他の子どもたちとの話し合いの場を設け，Aさんは自慢したことを謝り，他の子どもたちは距離を置いたこ

> とを謝り，再び一緒に行動するようになった。
> 　ところが，その後になっても，Aさんの保護者から，「学校としていじめを認めろ。臨時保護者会を開いて経過を説明しろ」という要求が続いている。

　この事例は，わが子の友人関係でのトラブルが母親の過去のいじめ被害体験を激しく蘇らせてしまい，母親がその感情を適切にコントロールできなくなったため，学校側が対応に苦慮するような要求を出し続けてしまっていたことが後になって明らかになった事例である。

　このように，生活史の中で築かれた傷つきや「未処理の葛藤」が，現在の対人関係の中で表出されてしまうことはしばしば見られる。例えば，幼少期から自分の弱さや不完全さを常に暴き立てられ，責められてきた人の場合，自己肯定感を奪われるだけでなく，他者の不完全さを受容することも困難になり，結果としてわが子や他者の不完全さへの攻撃として表出されてしまうのである。

　また，「担任がわが子を放置した。このままだとわが子が疎外され，差別されていじめられるのではないか」という不安を繰り返し学校長に訴え，学校側として精いっぱい誠実に取り組む姿勢を示しても容易には納得しなかった母親の事例でも，母親自身の幼少期の被虐待体験や学校で受けた差別的な言動による傷つきと怒りがそこには投影されていたことが後に明らかになっている。

　これらの事例は学校現場にとっては困難な課題を投げかけるものであろう。保護者の激しい怒りや訴えが直近のできごとに起因するのであれば，それに対する誠実な対応によってある程度問題解決の見通しを立てることができるであろう。しかし，保護者のクレームの引き金そのものは直近のできごとであったとしても，それが保護者の過去の「未処理の葛藤」を引き出してしまっている場合には，直近のできごとに対していくら誠実に対応しても，問題解決に向かわない場合も少なくないのである。

　それだけに，たとえわが子の問題に関するクレームとして出されている場合でも，保護者の激しい抗議の中に，保護者の子ども時代の傷つきや被害体験からくる怒りが投げこまれている場合には，その保護者の「未処理の葛藤」に焦点を当てた対応も必要になってくるであろう。例えば，保護者の子ども時代の学校体験とその中での傷つきや怒りをていねいに聴き取り，その思いを受容していくことによって，保護者もわが子の問題と自分の問題を切り離して考える心のゆとりを取り戻せる場合も少なくないのである。

4．「気になる保護者」とパーソナリティ障害

　パーソナリティ障害とは，著しい性格的な偏りが長期間続いていて，そのために社会生活に支障をきたしているものであり，米国精神医学会編の「精神疾患の分類と診断の手引き」（DSMⅣ-TR）では10のパーソナリティ障害があげられている。詳しくは他書を参照していただくとして，ここでは三つのパーソナリティ障害にしぼって簡単に紹介する。

(1) 自己愛性パーソナリティ障害

　DSMⅣ-TRでは，自己愛性パーソナリティ障害の特徴として，「自己の重要性に関する誇大な感覚（例：業績や才能を誇張する，十分な業績がないにもかかわらず優れていると認められることを期待する）」「過剰な賞賛を求める」「特別有利な取り計らい，または自分の期待に自動的に従うことを理由なく期待する」「対人関係で相手を不当に利用する」などがあげられている。

　例えば，ある小学校へのクレームが頻繁にあった母親は，自分の親族がどれほど社会的な成功をおさめているか，自分がどれほど多くの有名人と知り合いであるか，経済的に裕福かという自慢話を校長室で延々と話し続けていた。

　自己愛性パーソナリティ障害の人は自分だけでなく，わが子も周囲から特別扱いされて当然であるという感じ方をしばしばもっており，学校が「わが子」を特別扱いしてくれないと，あたかも自分が不当に扱われたように感じて傷つき，攻撃モードになってしまうこともしばしばである。周囲の人間はあくまでも自分の自己愛を満たすための「手段」なのであり，それが受け入れられないと激しい怒りをぶつけるか，逆に，その関係を切っていく場合もある。

　自己愛性パーソナリティ障害の人は，「わたしはこんなにすごい人間なんだ」という「自己愛的万能感」に浸ることによって，深いところで自分が抱えている無力感，自己肯定感のなさに向き合うことを拒否している人であるといえよう。

　その意味では，自己愛性パーソナリティの人の抱えている「生きづらさ」と深いところで出会っていくことはかなり困難な課題であるといえよう。

　ただし，とりあえず，「癒されない自分」を内面に抱えている人として共感的に理解し，その能力を積極的に評価したり，がんばりや苦労を明確に言葉にしてねぎらい，その自己愛を満たしていくことによって穏やかな関係を築いて

いくことができる場合もある。

　しかし，過度に学校に対して支配的になってくる場合には，粛々と「いろいろとご意見はあると思いますが，今回の件ではこういうかたちで対応せざるを得ないので，ご理解のほど，よろしくお願いします」と伝えるなどして，支配関係に置かれないように限界設定をしていくことも必要になってくるであろう。

(2)　境界性パーソナリティ障害，境界性パーソナリティの問題

　DSM Ⅳ-TR では，境界性パーソナリティ障害の特徴として，「見捨てられることを避けようとする気も狂わんばかりの努力」「理想化と脱価値化との両極端を揺れ動く，不安定で激しい対人関係様式」「自己を傷つける可能性のある衝動性」「自殺の行為，そぶり，脅し，または自傷行為のくり返し」「不適切で激しい怒り，または怒りの制御の困難」などがあげられている。

　境界性パーソナリティ障害の人は，他者との安定した信頼関係を築くことが困難であり，わずかなできごとでも相手から見捨てられた，拒絶されたと感じて傷つき，その傷つきが自傷行為や破壊行為などの「行動化」で表現されることがしばしばである。ある女性は，「私の心はオセロゲームなんです」と語っていた。今まで真っ白に見えていた世界が，たった一つ，何かうまくいかないことがあると，たちまち世界は真っ暗に覆われてしまうのである。

　境界性パーソナリティ障害の人はしばしばひどい抑うつを体験していて，その抑うつ感情をごまかすためにアルコール依存，摂食障害，リストカットや薬の大量服薬，また，異性関係への過度の依存に至ることも頻繁に見られる。

　多くの場合，虐待的な養育環境で育っており，未熟さや弱さ，不完全さを含めた丸ごとの自分を受け止めてくれる養育者との関係を奪われてきている。そのために自己肯定感が全くもてず，わずかなできごとでも「もう自分はだめだ，死ぬしかない」という絶望的な感情に襲われてしまうのである。

　学校教員が境界性パーソナリティ障害の保護者と安定した信頼関係を築いていくことはきわめて困難であるが，一定の距離を保ちつつ，保護者の感情の起伏に振り回されない一貫した関わりが重要になってくるであろう。

(3)　発達障害とパーソナリティ障害の重複を感じさせられる保護者の問題

　しかし，実際の事例を見ていくとき，保護者の問題がパーソナリティ障害に起因する問題なのか，それだけでなく，その背景には発達障害の問題も存在しているのか，判断に迷う場合も少なくない。

---- 事例３　ある時期から担任に対して激しく攻撃的になったＡ君の母親 ----

　Ａ君の母親は２学期の途中までは「明るく，よくしゃべる」母親で，担任との関係は良好であったが，２学期の途中から一転して激しい担任攻撃に転じ，懇談会前のアンケートに「信頼できない担任とクラスづくりについて話し合う気になれない」という手紙が来たり，息子の前で「先生はバカだから，言うことを聞かなくていいよ」というような攻撃的な言動が続く。
　「漢字テストの文の表現がおかしい。そのことについて全体の親に謝罪しろ」と何度も要求し，懇談会で教師が謝罪しているところをビデオで隠し撮りしてあちらこちらで見せて回る，というような常軌を逸した行動が続いた。
　ちなみに，この母親の攻撃的な言動は担任の教師だけでなく，子どもどうしのトラブルでは相手の子どもと保護者への攻撃にも向かうので，母親は地域でも完全に孤立していた。この子どもは学校では「僕は誰からも愛されていないんだ」とパニックになったり，母親を恐れて自宅に帰りたがらない状況にあった。この母親の感情の起伏の激しさは境界性パーソナリティ障害を感じさせるが，そのもう一方で，漢字テストの文章が少しおかしかったということに執拗にこだわり，保護者会での謝罪を長期間要求し続けるという行動などには，非常に細かいことへのこだわりも感じられ，広汎性発達障害の特性も感じさせられる保護者であった。

---- 事例４　担任を執拗に攻撃し続けたＢ君の祖母 ----

　５月の連休明け頃になると，Ｂ君の祖母からは「〇〇君の出番は長いのに，うちの子の出番が少ないのはどうしてか」「人から手紙をもらったら，その何倍も返事を書くのが常識です」「学校の電話で話したら，誰の耳がダンボになって聞いているかわからないので，外の公衆電話からかけるように」「教室掲示している顔写真のできがよくない。どうして撮り直さないのか，恥をかく」「先生は前の学校の色に子どもを染めようとしている。やり方を押しつけている」など，電話や連絡帳で頻繁にクレームがくるようになった。昨年度の担任は祖母の機嫌を上手にとっていて，例えば，タクシーに乗って学校に苦情を言いに来た祖母を車で自宅まで送り届けたりしていた。そのためか，あまり祖母から攻撃されなかったが，今年の担任が自分の指示に従順でないこと，学校に苦情を言いに行った後，担任が家まで車で送らなかったこと，などが気に入らなかったのか，重箱の隅をつくようなクレームが続くようになった。
　しかし，そのもう一方で，毎朝，孫の写真を玄関の前で撮っており，「その写真を見たら，着ている洋服でどんなことがあったか思い出せる。日記みたいなものだ」と語っているところには視覚的な手がかりで物事を記憶している特徴も感じられる。また，集合写真のほとんど見えないような傷にこだわり，「こんな写真は受け取れない」と拒否するなど，こだわりの強さも顕著に見られ，広汎性発達障害の人の特徴を思わせる部分もあった。

　この上記の二つの事例のように，学校現場で対応に苦慮する保護者の中には，発達障害ないしはパーソナリティ障害のどちらかだけでは説明がつかず，両者の重複を感じさせられる場合も少なくないように思われる。

⑷　妄想性パーソナリティ障害

　DSMⅣ-TRでは，妄想性パーソナリティ障害とは，他人の動機を悪意あるものと解釈するといった，広範な不信と疑い深さを特徴としており，「十分な根拠もないのに，他人が自分を利用する，危害を加える，またはだますという疑いをもつ」「友人または仲間の誠実さや信頼を不当に疑う」「悪意のない言葉やできごとの中に，自分をけなす，または脅す意味が隠されていると読む」「自分の性格または評判に対して他人にはわからないような攻撃を感じ取り，すぐに怒って反応する，または逆襲する」などの項目があげられている。

> 事例5　保護者が関係のない子どもにまで「うちの子をいじめるな」と言う。
> （東京都教育委員会　平成23年3月「学校問題解決のためのヒント」より抜粋）
> 　保護者Aさんから，自分の子どもがいじめられているという訴えが学校に入った。学校で調べたが，特にAさんの子どもがいじめられているという事実は浮かび上がってこなかった。
> 　学校公開週間中の休み時間に，Aさんが同じ学級の子どもに対して「うちの子どもをいじめているのはどの子なの？」と聞き回っていたので，近くにいた教師がていねいに対応し，直接の子どもへの関わりはやめてもらった。
> 　その後，Aさんが地域の公園や商店街などで，直接関係のない学年の子どもに対して「あなたがうちの子をいじめていることはわかっているのよ」「うちの子をいじめないで」などと大きな声で言っているということで，他学年の保護者から学校に苦情が入った。

　この母親の言動を考えると，妄想性パーソナリティ障害の可能性を疑わざるを得ないように思われる。このような事例の場合，学校だけで保護者対応をすることはきわめて困難であるだけでなく，不適切でもある。また，この保護者に育てられている子どもの発達にも否定的な影響が及ぼされている可能性も十分に考えられるだけに，関係諸機関とも協議し，精神科医療機関との連携も含めて，家族支援のあり方を検討していくことが必要な事例であったと考えられる。

5．「気になる保護者」に対する理解と対応の課題

⑴　保護者から見たときの見え方（"view"）を共感的に理解する

　まず，何よりも重要なことは，保護者から見たときの見え方，感じ方を共感的に理解していくことであろう。本稿では発達障害や過去の体験によって築かれた「未処理の葛藤」，また，パーソナリティ障害などの観点から保護者の抱

える問題をとらえてきた。しかし、それは決して保護者にラベリングをすることが目的ではない。あくまでも、保護者の視点から見たときの事態の見え方、感じ方を共感的に理解するために必要であると考えるからである。

　例えば、予定が少し変わっただけで怒りだしたり、わずかな騒音に対しても苦情をいう保護者に対しても、広汎性発達障害の特性を理解していると、少なくともその人にとってはそのできごとが非常に強い不快感や生きづらさを感じさせるものであることが理解できるであろう。そのように理解できれば、「ああ、行事の予定が変更になったことで、とてもイライラさせてしまったんですね。すみません」「そうでしたか。この音がとても不快に感じておられたんですね」とまずは共感的に応答していくことが可能になるであろう。

　同様に、自分の過去の体験の中で築かれた「未処理の葛藤」が現在のわが子の問題にも投げ込まれてしまうことを理解していれば、保護者から向けられた激しい教師への怒りや学校不信の感情に対しても、「中学生のとき、そのような仕打ちを教師からされたら、『教師なんて信じられない。』と強い不信感をもたれるのも当然ですよね」と受け止めていくことが可能になるであろう。

　また、例えば、境界性パーソナリティ障害の保護者の場合、安定した信頼関係が築けず、わずかなできごとでも一気にこちらへの評価が"bad"に変わってしまうという感じ方を受け止めて、「私の先ほどの発言で、『やはり、この人も私を裏切っていく。わが子のことなんて真剣に考えてくれない』、そう感じさせてしまったのであれば、申し訳なかったです」というように、その見え方、感じ方を受け止めた応答をしていくことができるのではないだろうか。

　もちろん、これだけで全ての問題が解決するわけではないであろう。しかし、いかに激しい抗議であっても、まずは、その背後にある感情や思いを共感的に理解して応答していくことは、関係づくりのための必要条件であろう。

(2)　パワーの濫用に対する明確な限界設定の重要性

　しかし、保護者の抱えている問題が重い場合には、思いを共感的に受け止めていく姿勢だけではかえって事態が深刻化していく場合もある。実際、自分自身の生きづらさや内的葛藤を全く見つめることなく、教師を激しく攻撃したり、場当たり的な言動で他者を支配・操作することに自分の全エネルギーを費やしてしまう保護者も存在している。筆者はそれを「いちゃもん依存症」と名づけている。依存症とは自分の内面にある寂しさや見捨てられ感、無力感などの否

定的な感情をまともに感じたらあまりにもつらいがゆえに,何かに依存して,自らの生きづらさと無力感を否認していく行為であると考えられる。保護者の中には,学校に対する激しいクレームを頻繁に表出し,学校をやりこめることで自分の生きづらさや無力感を否認している方もおられるのである。

そのような場合,その言動の背後にある思いを共感的に理解するだけでは不十分であり,保護者の言動や攻撃によっては破壊されない明確な「枠」を職員全体で築いていくことが必要であろう。すなわち,保護者自身の背負ってきた重荷や課題は理解しつつも,しかし,保護者の言動に振り回されない一貫した対応の枠組みをスタッフ全員でつくっていく努力が重要になってくるのである。

また,保護者が脅迫的な言動に及ぶ場合には,「今のように発言されると,こちらも恐ろしくなってしまい,落ち着いた話し合いができません。すみませんが,穏やかに話していただけないでしょうか」と粛々と返して「パワーの濫用」に対する歯止めをかけることも必要である。

さらに,保護者が暴力行為や恐喝的な行為に及ぶ場合には,警察への通報も含めた毅然とした対応をせざるを得ない事態も考えられるであろう。

また,病理性が深刻と判断される保護者に対しては,専門職も交えてていねいにケーススタディを行ってアセスメントし,関係諸機関の連携の中で対処していくことも必要であろう。先にも述べたように,感情の起伏が激しく,学校に対して頻繁に攻撃的になる保護者の場合,子どもに対しても暴力的である場合がしばしばあり,子どもが child abuse(児童虐待)状況に置かれている場合も少なくない。その場合には児童相談所や市町村の対応窓口への虐待通告や,要保護児童対策地域協議会の開催なども含めて,学校だけではなく,福祉・医療・司法機関との連携の中で対応を行っていく必要があるであろう。

(3) 子どもの「最善の利益」を中核にすえること

学校教育は,あくまでも「子どもの権利条約」でいう,子どもの「最善の利益」を実現していく場なのであり,保護者との連携や共同も第一義的にはそれを実現していくためのものであろう。その意味でも,保護者の激しい言動への対応に振り回されてしまうことによって,学校が子どもの「最善の利益」を考えられなくなる事態に陥らないようにしていくことは重要な課題であろう。

実際,事例によっては,「子どもの最善の利益」を考えると,保護者との信頼関係づくりよりも,子どもに「代替的家族ケア」を保障していくことを優先

して考えなければならない場合も存在している。もちろん，「代替的家族ケア」は学校だけでできる課題ではないが，在宅支援を選択する場合には，学校教職員もその一翼を担っていかざるを得ない場合も少なくないのである。

　子どもが保護者の背負ってきた傷つきや苦悩を乗り越えて自立していく権利を保障すること，これも学校教育の重要な課題なのである。

〈参考・引用文献〉
楠　凡之（2008）『気になる保護者とつながる援助』かもがわ出版
米国精神医学会編（2002）『DSM-IV-TR　精神疾患の分類と診断の手引』医学書院
岡田尊司（2004）『パーソナリティ障害—いかに接し，どう克服するか』PHP新書

コラム ④

問題解決に向かう話し合いにするために

◆面接の目的の確認から始めよう
　話し合いの初めのうちに，会う目的を明確にしたい。例えば「今日は学校と保護者で情報を出し合って，何ができるかを考える場にしたいと思いますがそれでいいですか」というのである。それは保護者の不安をやわらげ，話が迷走した際に話を立て直す道しるべになるのである。

◆原因探しよりは，問題解決へ
　学校は家庭に，家庭は学校に，問題の原因を求めがちである。だから，原因追究は，どうしても家庭と学校の関係を悪くする。悪者をつくらず，「学校と保護者と子ども本人とが力を合わせて問題をやっつけよう」というスタンスで話を進めると，解決につながりやすい。

◆お茶を出そう
　お茶は雰囲気を和らげる。「お茶菓子も効果的だと感じる」と話す校長にも会ったことがある。ていねいに受け入れる姿勢を示すことになるからだろう。保護者がお茶に口をつけると，話が解決に向かい始めることも多い。

5章　発達障害を抱える子どもの親のクレーム対応

大阪教育大学　岩切昌宏

1．発達障害を抱える子どもの現状と課題

(1) 発達障害に対する現状

　発達障害に対する特別支援が始まってから5年あまりになる。学校では，それ以前から，じっとして座っておれない子ども，すぐ手が出てしまう子ども，周囲の状況を読めずに行動する子ども，あることにこだわってなかなか考えが切り替えられない子ども，人の気持ちを読めない子ども，板書を写せなかったり読み飛ばしをしたり繰り上がりの計算ができなかったりする子どもなどが年々増えてきて，学級の中でどのように対応していいか問題になってきていた。当初，発達障害という言葉も十分理解されず，「ちょっと問題行動があるだけなのに，病気扱いする。レッテルを貼って差別している」「障害なら指導しても変わらない。放っておくしかない」などといわれることもしばしばあった。特殊教育から特別支援教育に移行し発達障害も支援の対象になってから，発達障害に対する研修などで教師が学習する機会も増え，理解も以前に比べると随分進んだが，まだまだ個人差が大きく，特別支援教育の中心となる特別支援コーディネーターでさえも理解が乏しい場合がある。まして保護者においては理解の差が非常に大きく，発達障害のいろいろな情報が逆に混乱を招いている場合も少なくない。残念なことに，本来本人を理解するための概念である発達障害というキーワードが，本人に対する教師や保護者の理解を阻んでいることすらある。

(2) 発達障害とは

　発達障害という概念は，医学的な概念というより，福祉的な観点から歴史的変遷を経て出てきている。現在，日本で発達障害は一般的に知的障害を含めないが，もともとアメリカの知的障害児・者の施策での用語として使用され，「知的障害を含め，同様な支援を必要としている状態」という概念に発展していった。そのため知的障害を含めて発達障害だと考える人も少なくない。また

注意欠陥多動性障害も発達障害に入れるかどうかも意見が分かれる。それは思春期になって多動傾向が減少することや，環境によって状態が変化することなどが理由である。このことは，障害という言葉をどのようにとらえているかという問題にも関係する。発達障害というより発達特性というほうが適切ではないかという意見もあれば，支援が必要な状況だから障害としておいたほうがよいという意見もある。このように発達障害の概念は立場によっても違い，いろいろなものを包括する概念であるため，より誤解を生むことにもなっている。

　現在，発達障害は，発達障害者支援法での「自閉症，アスペルガー症候群その他の広汎性発達障害，学習障害，注意欠陥多動性障害その他これに類する脳機能の障害であってその症状が通常低年齢において発現するものとして政令で定めるもの」という定義が用いられることが多い。発達障害者支援法は2004年に成立し，2005年に施行された。そこでは，国および地方公共団体の責務として，症状が発現後，できるだけ早期の支援と学校教育や就労，地域生活での支援など生活全般についての支援を行えるよう必要な措置を講じることや，発達障害者の支援等の施策が講じられるにあたっては，発達障害児・者の保護者の意思ができるかぎり尊重されなければならないことが述べられている。

(3) **特別支援教育での発達障害児**

　2007年に従来の特殊教育から特別なニーズをもつ子どもへの教育（特別支援教育）に変わり，「障害の種類や程度に応じて特殊な場で指導する」という考えから，「障害のある子ども一人一人の教育的ニーズに応じて適切な教育的支援を行う」という考えに改められた。そして，文部科学省は，従来，知的な障害がなければ支援対象でなかった学習障害，高機能自閉症（アスペルガー症候群を含む），注意欠陥多動性障害などのいわゆる発達障害も，その対象に位置づけた。そのため特別支援教育の対象者は，従来の対象者である約2％に加え，約6％程度と推定される発達障害児も入ることになり，より多くの児童生徒に個別的な支援を考えなければならなくなった。

(4) **発達障害の支援でのポイント**

　学校は当然ながら教育を行うところであるから，学校現場にとっていちばん必要なことは，発達障害かどうか，あるいは診断名が正しいかどうかを正確に見極めることではなくて，学習困難だったり集団生活に適応しにくい子どもに対し，その子どもの実情に合わせた教育を行っていくことである。そのために

は学校での総合的な行動観察と，家での様子や過去の情報が必要となる。発達テストの結果も役に立つ情報ではあるが，現在の学校での行動観察が最も大切である。そのうえで子ども本人や保護者の教育的ニーズを探っていくことが重要なことである。発達障害者支援法には本人と保護者の意思ができるかぎり尊重されることが書かれているが，特別支援計画の中でも，学校の中でどのような支援ができるのかを，本人と保護者の意思を尊重しながら何度も話し合いを重ね，担任や特別支援コーディネーターなどが現実的に可能な支援を提案していく必要がある。すなわち障害があるからといって放任されるようなことがあったり，教師たちの考えだけで支援していくことはあってはならない。また当然ながら本人と保護者の現実的でない要望に沿って進めることも支援教育にはならない。それだけに本人と保護者との話し合いの中で，現時点でどのようなことを重要視して進めていく必要があるのか，本人と保護者の要望がどのような心配や悩みからきていて，どのようなやり方が現時点での適切な支援教育になるのかを考えなければならない。発達障害は，幅広い概念である。障害名ですら注意欠陥多動性障害，広汎性発達障害，学習障害というようにそれぞれ違う。またたとえある子どもと別の子どもの診断名が同じだったとしても，それぞれの教育的ニーズが違い支援方法も異なることはめずらしくない。ゆえに診断名だけで，○○という介入方法が有効であると決めつけてはいけない。診断名ばかりを頼りにしていると，支援の方法がその子どもにそぐわないものになってしまうこともある。

　実際に行動観察を行うのには，担任を含め周囲の教師たちから情報を集め，「どのようなときに，どのような行動をしたか」を，まずはその行動に対する解釈を入れないで書き出してみるとよい。最初にある教師の行動についての解釈が入ってしまうと，他の行動についても色眼鏡で見てしまうことがあるので，様々な行動を書き出してみた後に，各々の先生たちや専門家（スクールカウンセラーなど）から意見をもらったほうが，まちがえることが少ない。また家族からの話もよく聞いておかないと，家での様子と学校の様子が違うことはしばしばあるので，本人の本当の状態を知ることができない。また問題行動ばかりを見ている教員もいるが，問題行動は特性を抱えた子どもの一連の行動の一部分である場合が多く，全体の行動をとらえていかないと，「木を見て森を見ず」ということになって，本人のがんばっているところや意外と無理なくでき

ているところなども気づきにくい。

　発達障害は基本的に脳機能の障害であるが，だからといって生活や学習，対人コミュニケーションの障害が改善しないわけではなく，支援の方法いかんによって，かなり改善することを知っていなければならない。特に支援方法に苦労することが多い広汎性発達障害でさえ，本人の特性に合わせながら支援することで本人なりの社会性を獲得し，十分とはいえないまでも学校や社会で適応的に生きていく術を身につけていくのである。またできるかぎり発達障害の子どもたちが，二次障害としての自尊心の低さや，被害的な考えに陥っていかないように，支援していくことが大切である。そのためには，支援の目標が障害の克服とならないようにしなければならない。障害をもちながらも，なるべく社会に適応的に，そして本人なりの生き方ができるように支援していくことが大切である。訓練を強いて本人の主体性を低下させるようなことはしてはならない。

2．保護者との対応

(1) 基本的な心がまえ

　子どもに発達障害があるといっても，保護者への対応の基本は一緒である。

　保護者の感じているのは，「わが子を本当に理解してくれているのか」「指導の仕方に問題があるのではないのか」「わが子が嫌われているのではないか」「他の子どものほうがもっと問題があるのではないか」などである。それに，発達障害という言葉がつけ加わって，「発達障害のことを理解してくれていない」「発達障害といって差別する」「発達障害だから嫌われている」のようになる。保護者のクレーム対応で鍵となるのは，子どもに対するアセスメントと子どもからの信頼である。教育に対する情熱や子どもに対する愛情などもまずまず大切であるが，前者のこと抜きには空回りしてしまう。また子どもの対応は大ざっぱなのに対し，保護者を言葉巧みにほめるなどして好かれようとしている教員もまれにいるが，最終的にはうまくいかないことが多い。いうまでもないが学校は子どもをしっかり観察して育てていくことが本務であり，保護者もそれを期待しているので，もし教師がそれをできていないとわかると，その教師が信用されることはない。

(2) 保護者の苦悩への理解

　発達障害を抱えている子どもの保護者の多くは，発達障害と診断されているいないにかかわらず育てにくさを感じており，苦労していることが多い。また「自分の育て方などが悪かったから，このような子どもになってしまった」と自責感をもっている保護者も少なくない。また子どもの対応に時間がかかってしまうことで，家庭での日常生活が円滑に進まないこともしばしば見られ，発達障害児が虐待されやすいのも納得できる。特に広汎性発達障害の子どもは，なかなか有効な手立てを見つけにくく，保護者も悲観的被害的になりやすい。そのため学校から連絡があると責められると感じる保護者も多い。すなわち，保護者からのクレームであっても，学校での対応に文句があるととらえるのではなく，保護者自身が助けてほしいのだと理解し，状況をていねいに説明しながら「このような誤解が生まれないように連絡を取り合って，本人の正しい理解が得られるように協力していきたい」などといって対応し，誰かを責めるような対応を取らないほうがよい。

(3) チームで対応する

　クレームについては，電話もしくは面談での対応が主となるが，その内容と対応については，簡単に日時とともにメモしておくことが大切である。しかし，その内容がその子どもにとって大きな問題となっている場合，保護者が深刻に考えている場合，クラスの中で大きな問題となっている場合，小さな問題と思っていても親からの訴えが強かったり頻回にある場合は，教師一人で抱え込まずに，クレーム内容とともにそれに関するできごとを時系列に沿ってまとめて記録しておく必要がある（表1）。そして学年主任，特別支援コーディネーターなどにその内容を報告し，アドバイスを求めるとよい。むしろできるならば本人に関わる教員たち（学年主任，学年の教師，特別支援コーディネーター，養護教諭など：これが支援チームになる）で，ミーティングをもったほうがよい。ミーティングでは子ども自身の状況についてのアセスメントが重要な手がかりになり，スクールカウンセラーや専門機関からのアドバイスが参考になることが多い。そして保護者と支援チームとの話し合いを行って，個別支援（指導）計画の見直しを図る。そこでは，本人の学校での行動の変化や，家での様子の変化，本人および保護者のニーズの変化についても情報を共有し，建設的にできる支援を考えていく必要がある。

―――― 表1　クレーム対応報告の例 ――――

1. いつ，誰が，どこで，どのようなことをしたか（どのような状況で，その子どもはどのような行動をしたか）
2. どのように指導し（いつ，誰が，どこで，その内容），その子どもの反応（＋相手もしくは他の子どもの反応）はどうだったか
3. 保護者にいつ，どのように伝え（連絡手段，内容），保護者の反応はどうだったか
＊クレーム対応した後，自分でその内容をまとめたりするのは，疲れてなかなかできない場合は，同僚に自分の話を聞き取って簡単にまとめてもらい，それを自分が修正するという方法がある。これは同僚に事情を聞いてもらうことで気持ちが落ち着く効果と，どういうことがあったかを自分で整理しやすくするメリットがある。

さて広汎性発達障害と注意欠陥多動性障害の子どもへの一般的な対応について述べておく。繰り返すが一般的対応が，その子どもに当てはまるとはかぎらない。あくまで行動を観察しながら試行錯誤を重ねていくことが大切である。

(4) 広汎性発達障害の理解とその対応

広汎性発達障害いわゆる自閉症スペクトラムの子どもは，集団である学校生活で指導するのになかなか苦労することが多く，また，特有の認知の歪みがあるため見方が一方的で被害的だったりすることも多く，保護者からのクレームに結びつきやすい。自閉症スペクトラムの子どもの特徴は，ウィングの三つ組といわれている（表2）。子ども本人は社会性の障害をもつため，どうしても周囲の状況認知が悪い。本人からの話だけでは保護者は学校の様子を十分につかめない。例えば本人が「○○君にいじめられた」とか「自分だけが先生に怒られた」などと保護者に訴えたため保護者から学校に連絡があったときには，まずそのときの状況がどうだったか，どのような指導をしたかを伝えて，保護者の理解を求めることが大切である。そして学校の対応と保護者の対応とに大きな差が出ないように努めなければならない。子ども本人が学校での指導に納得していない場合，保護者からクレームがくる前に先に家庭に連絡を入れておくと，保護者は子どもにスムーズに対応しやすくなる。特に新しい環境への適応が苦手なため，年度当初は学校での本人の様子について，保護者に頻回に連絡を入れておくほうがよい。連絡内容は問題点だけでなく本人の努力しているところも伝えるようにすることが，本人や保護者を被害的にさせないために必要である。

自閉症スペクトラムの子どもは，聴覚的に説明するより，視覚的な説明のほ

うが理解しやすい場合が多く，状況説明について，補助的に人形や絵，絵カードなどを用いるとよい。順序の問題についても，黒板のすみなどに授業内容の順番を書いておくと安心しやすい。一度に幾つかの指示を出すと理解ができない場合は，その指示を黒板に書くか，一つ指示をやり終えてから次の指示を与えるなどのやり方がある。また，三つ組以外の症状として，感覚異常をもっている子どももいる。ある特有な音や光，触感，臭いなどに異常に敏感だったりする。何もしていないのに突然パニックになったり，何か全然集中できていないときは，感覚異常によるものも疑ってみる必要がある。自閉症スペクトラムの子どもの教育的アセスメントは難しく，どの程度努力させたほうがよいのか教師と保護者の意見が対立することもしばしばある。そのため専門家からの助言ももらいながら何か努力させた後の行動を注意深く観察し，適切だったかを評価しなければならない。筆者は，自閉症スペクトラムの子どもについて，将来のことを考えると学習面より社会性の面を伸ばすことが有用でないかと考えている。行動を変えるためには，スモールステップで変えていくこと，視覚支援の利用，できたらしっかり褒めることなどの手立てがある。保護者がスムーズにいく幾つかの方法をもっていることもあるので，保護者の家庭生活で実践している工夫を聞いておくとよい。

---表2　ウィングの三つ組：自閉症スペクトラムの基本障害---

①社会性の障害：人との関わりが一方的，人の気持ちや立場が理解しにくい。周囲の状況が読めないなど
②コミュニケーションの障害：言葉がうまく使えない。オウム返し，独語，人称のまちがえや「行く／来る」「する／される」など立場による言い換えが困難，冗談や比喩が理解できないなど
③想像力の障害：これは想像力がないのではなく，いろいろなものから法則性を見つけ予測を立てることが困難ということである。順序を変えられない。重要でないところをはしょったりできない。応用がきかない。同じ行動を繰り返すなど

(5) 注意欠陥多動性障害の理解とその対応

　注意欠陥多動性障害は，注意集中力の欠如，多動，衝動性の症状からなる障害である。注意集中力の欠如は，年齢が上がっていっても，あまり改善することはないが，多動や衝動性は，小学校高学年ぐらいから減少していく傾向がある。問題行動としてしばしば見られるのは，他の子どもに対しすぐ手や足が出てしまうところである。またじっと座っておれない，興味があるものにひかれ

て授業なのに勝手な行動をする，片づけができない，忘れ物が多いなども見られる。始終，教師から怒られることにより，「嫌われて，いじめられているのではないか」というようなクレームが多い。また，家では学校より刺激が少なかったりすることから，「家では落ち着いているのに，学校では暴れている。指導の仕方に問題があるのでは」というクレームもある。授業中は，まずは刺激となるものを排除することが大切であり，いちばん前の席に座らせることはよく行われている対応であるが，黒板周囲にもいろいろな物を置かない，周囲の席には話しかけやすい子どもやよくしゃべる子どもを座らせない，机には必要なもの以外は置かない，授業内で幾つか区切ってメリハリをつける，注意が一時それてもまた集中できるように授業の流れを黒板に書き，今どこをやっているかわかるようにするなどの手立てがある。休み時間などでは，腹が立ってもすぐ手を出さずにその場から離れ，教師に連絡するなどを行うように指導する。忘れ物に関しては，連絡帳に書いたら教師に見せる，鞄の入れるところを決めておくなどが有効である。教師が怒るときも，長々と怒らず短く注意する。むしろ少しでもがんばってじっとしていたり，手を出さず我慢していたら，大いにほめることである。本人がときどき，我慢できなくなって抜け出せるように別室などを利用できるとよい。

　純粋な注意欠陥多動性障害の子どもは，薬物療法にて集中力をあげることができるが，虐待によって注意欠陥多動性障害のように見える子どもは，薬物療法は効かない。虐待の子どもは他に情緒的な不安定さが激しかったり，ときどき意識が飛んでしまい覚えていなかったりする（解離性健忘）。このようなときは，専門家の助言をもらい，場合によっては児童相談所に連絡し対応を考える。また注意欠陥多動性障害の子どもは，基本的に注意力が散漫であり，一部のことで判断して行動してしまうために失敗することが多いが，状況を説明すると理解はできる。状況を説明してもなかなか理解が得られなかったり，こだわりが強いときは，広汎性発達障害が絡んでいる可能性があるので，対応も変えなければならない。

---《CHECK！》---

1. 障害の診断名，もしくは診断してもらうことに振り回されていないか。
    →診断名は，本人の一側面を表しているにすぎない。個人個人によって状況は違う。本人の行動観察がいちばん重要である。診断名は，その子ども自身を理解するヒントとしてとらえる。

2．子ども・保護者の日頃からの信頼を得られているか。
　→特別支援（指導）計画，もしくは，本人への配慮などについて前もって話し合い，協力体制はできているか。また本人のよいところ（長所）や保護者の苦労・努力を理解しているか。できていなかったらこれがチャンスと思って，すぐに保護者を支えるような校内体制（例えば，担任，学年主任，養護教諭，特別支援コーディネーター）をつくり，定期的に話し合えるようにする。
3．一人で抱え込んでいないか。
　→自分だけの視点ではなくて，特別支援コーディネーターや他の教師からの意見，スクールカウンセラーや外部の関係機関からの助言などを定期的かつ必要時にもらうようにする。

〈参考文献〉
有馬 正高監修（1999）『発達障害の基礎』日本文化科学社
齊藤 万比古編（2008）『発達障害とその周辺の問題（子どもの心の診療シリーズ2）』中山書店
東條 吉邦ら編（2010）『発達障害の臨床心理学』東京大学出版会
杉山 登志郎（2007）『発達障害の子どもたち』講談社現代新書
国立特殊教育総合研究所（2005）『LD・ADHD・高機能自閉症の子どもの指導ガイド』東洋館出版社

コラム⑤

解決策を見つけるために

以下は問題を整理し解決策を見つけるための項目である。順番に考えてみよう。
1　保護者の主訴：保護者が主張していることは何か
2　保護者の不安：保護者はどうなることを恐れて言っているのか
3　保護者のわが子への願い：保護者はわが子にどうなって（あって）ほしいのか
4　保護者の学校への願い：保護者は学校（教師）にどうなって（あって）ほしいのか
5　子ども自身の願い：子ども自身はどうなりたい（あってほしい）と思うだろうか
6　取り組まなければならないこと：これ以上悪化させないためには何が重要だろうか
7　子ども自身の努力と責任：問題解決のために子ども自身ができることは何だろうか
8　保護者の努力と責任：問題解決のために保護者ができることは何だろうか
9　学校の努力と責任：もう一歩改善するために学校（教師）ができることは何だろうか

　これらの回答を参考に，保護者の「不安」を軽減し，学校と保護者とが共有できる「願い」を探すようにすると，解決の方向が見えやすくなる。

6章　教師の考え違いと未熟な話法

メデュケーション㈱　関根眞一

1．考え違いをしている

(1) 考え違いとは

　私はあらゆる業種先で講演し，業界者と対面して話をする。だから，ほとんどの職業人と会話をしていると思っている。その中で様々な人と出会うのであるが，どんな職業にもそれぞれ立派な考えをもっている人がいる。当然，いい加減な人もいる，それは年齢に関係ない。だから，ここに書かれていることが，全ての教師に当てはまるわけではなく，個人というものを見れば，それは人それぞれである。まずはこのことを断っておきたい。

　その職業人の差だが，固い頭をもっている人には医師のほかに教師も属する。この頭の固さが学校へのクレームに対しても柔軟性がもてず苦戦する原因となっていると見る。医師も同じであるが，こちらはあまり柔軟性を発揮して患者のいうことを聞いていたら，医師としての役目がなくなるが，教師は違う。学校問題の多くは，原因に児童（生徒）の存在を外すことはできないはずだ。中には，学校の方針や環境の問題も存在するだろうが，それらは提案であり意見として受け取ればよい。問題となるものは，「児童の存在をどうしたらよいのか」の一点にしぼるべきである。

　苦情の世界においては相手を観察する力が重要性をもつ。相手の物言いからして敵愾心を抱くことも多々あるのだが，この世界の専門家と一般人の違いははっきりしている。それは何か？　相手の気持ちを探り当てることに長けていることと，どんなに誘われても熱くならないことである。

　しかるに教師はどうか。これは一般人と同じで「苦情」への反応は「否定」から入ることが多かろう。それでは，最初から問題の解決を避けているようなもので，話がまとまらないことになる。また，これは教師に限らないが，苦情対応に関しても個人差が大きく人それぞれの性格も大いに影響する。一見して怖い感じの保護者，団体でゴネてくる保護者，声が頭のてっぺんから出るよう

な保護者。そうかと思うと学者のように冷静沈着に話す保護者。このどれと対応しても聞く側はいつも冷静でなくてはならない。しかも正しい判断が求められ、その解決策を提示しなければならないのである。

いちばんの考え違いは、「親は子どものこととなると見境がつかなくなる」とインプットしてしまった教師は、詮索の柔軟性を失っている。これではよい結果が出ない。そのときに保護者が大声でもあげれば、またかと考えるだろうが、その対応は一通りではないはずだ。感情をぶつけてくることはしょうがないとしても、聞く側にはそれをうまくさばくことが求められる、それが対応というものだ。望むべくは、保護者との対立は避け、児童を中心から外さない会話を心がけていれば、大きくこじれることはない。

(2) 保護者対応をどこで学んだのか

教師はどこで保護者対応（学校問題）を学んでいるのだろう。

もし学ぶ可能性（場や機会）がなく、自分一人で学ぶこととなっているなら、これは大きな問題である。過去に学校・学級崩壊問題はあったが、保護者問題がこれほど大きくなった時代はないのだから、教訓も生かすことができない。学校問題は導火線に火がついてから10年ほどたつが、今やっとその対応能力や技術が必要だと気づいた程度である。学校はそのくらい遅れているのだが、それが前項に書いた教師の頭の固さといえる。しかも始末が悪いのは、若い頃苦情やクレームの被害にあっていない教師が今40代以上になっているのであるから、彼らの多くには対応力というものが欠如していることだろう。50代にいたってはまさに役に立てない方が多いのではないか。これは、もちろん個人差はあるが、それまでの時代性を反映しているからだと思う。

こうした実態であれば、他の企業とは大きな差が出てきてしまう。教師には、義務教育の児童（生徒）を普通お客様として迎える気持ちというものはほとんどないだろう。当然といえば当然である。しかし、そうした思考だからこそ問題が生じてくるのではないだろうか。

同時に、教師の世界では上司の指導が欠如している。それは仕方がないのかもしれない。その上司は「先生様」とまではいわないが、昔ならばそのように呼ばれていたのだから、苦情などに直面することがなかった。ということはうまい指導ができないと見たほうがよいだろう。55歳の教師が職についたのは1979年のバブル期の終焉を迎える頃であった。その時代には学校への苦情は本

当に数が限られていただろう。

　この頃，商業の世界では，すでに世の中が物あまり時代に突入したときで，苦情の宝庫である。では，教師の世界では何が起こっていたか。教師は聖職といわれてきたが，時代の変化で，教師が起こす不始末や事件が世の中に話題を提供するようになってきた。それは保護者が教師に対して徐々に対等の人と認め出した結果であろう。不始末を起こす輩はごく少ないのだが，職が職だけによくニュースとなって目立っていた。

　さて，ことの重大さに気づいた文部科学省を頭とした組織はどんな行動に出たか。事象をもとに検証を始めた。その結果，メディアに煽られ「モンスターペアレント」の出現となった次第だ。本来保護者にモンスターなどいない。それを，うるさい保護者を学校がモンスターペアレントと呼びだした。そう呼ぶことでことの大きさ・原因が保護者にあるように見えてしまうから，改善がなされない。文部科学省の指示，県教育委員会の指示，市教育委員会の指示は，どんな内容で出されているのだろうか。また，その対応を学ぶために予算化しているのだろうか。それなどは皆無であろう。

　先日，ある学校問題の委員会でアンケート分析を行ったとき，印象的であったのが，大学でも教師を目指す学生には「保護者対応」の授業が必要でないかと結論づけていたことである。これなど，真剣に考えれば当たり前である。それも机上論は全く役に立たず，生きた実体験の授業でなくてはならない。

　私は縁あって，京都の立命館大学で講義をしたが，学生の反応はすこぶるよかったが，それはまだ見ぬ未体験の世界だからであり，本来は現役の教師が毎年その研修を受けなくてはならないのではないかと私は考える。

(3) 相手の気持ちが測れているか

　これもとても大事な点である。苦情の世界では相手の心理・真意を探り当てることがいちばん難しい問題なのである。それを教師はどう実践しているのか現場をのぞいてみたい。目の前で起こった現象に対する苦情は理解もできようが，相手の話だけを鵜呑みにすると大きな判断ミスをすることになる。これは非常に危険な対応といえる。

　言葉一つとっても，なぜそんな発言になるのか，その言葉の裏に秘めた気持ちはどういうものか，それをしっかりつかめなければ，学校問題にかぎらず解決はできないといっても過言ではない。解決はできないというより，核心にせ

まった満足な解決に至らないといったほうが正確である。

今は，保護者が祖父母であるという状況が増えつつある。その一因として，一般企業では賃金に大きな伸びが望めず，仕方なく共働きの状態が多い。その半面，定年になった祖父母はいたって元気である。その孫にトラブル発生ということになると，祖父母は俄然張り切り猛抗議をしてくる。そこまで言わなくてもとか，そんな大げさにしなくてもという場面が多々ある。はて，この裏には何があるのだろうか。

そこには，娘夫婦の子どもを預かっていて，けがをさせてしまったのは私の責任で親に対して申し訳ないという気持ちを学校にぶつけてくるのである。想像するに，同じ事件が起きても親と祖父母では抗議の度合いが違うことを理解していただきたい。

他業界の事例も参考になるだろう。

百貨店ではよく販売した衣料を一度着用して交換に来る客がいる。悪意をもった客は，交換することで友人や知人に対し衣装持ちのように見せるのだが，それは，会話の中から疑問点があることに気づき対応の拒否ができる。もっと細かくいえば，糸が出ていたので交換してほしいとイチャモンをつけてくるのだ。対応する側は，「わかりました，糸を切り他に異常がないか調べてお返しいたします」と言えば，「明日着たいのですが」と切り返す。「わかりました。2時間お待ちいただけますか。それとも今日中にご自宅に届けますか」と言えば解決であるが，悪意のない客が交換を申し出てきたときは困る。なぜかと聞いても「気に入らない」の一点張りだ。しかも申し訳ないような顔もする。こんなときは時間をかけて話を続ける。しばらくして気持ちがほぐれた頃，「親に叱られた，こんな派手なものを着てはいけないと」という気持ちを吐露する。

ここでの判断の難しさは，受ける側が強い抵抗をしてはいけない。口数が少なければ余計に慎重に聞き出すことである。勘がさえていれば，話の途中で誰かに「ダメ出しをされた」と気づくものだ。

学校の話に戻ろう。一つの苦情には，原因が一つとは限らない。またその話の出所も正確につかまないと，嘘とはいわないが間違った情報で教師を責めに来ることもある。それには反論でなく，冷静な受け入れが必要だ。

(4)　保護者とは平等な立場で話そう

保護者＝生徒ではない。生徒は学びを受ける者であり，教師は与える者であ

ろう。保護者の年齢も近年は結婚時期の幅の広さから大きな差が生じていることだろう。すると，30～45歳くらいの教師には年上の保護者と年下の保護者が存在することになる。

　その保護者から苦情が入ったときどう対応するか。年上には？　年下には？
　また，学歴社会において，ときとして問題になるのが保護者と教師の○○大卒の差である。よく怒った保護者が「あなたはどちらの学校を卒業したのか」といい，あげくのはてには「うちの主人は東大法科を卒業しているのですよ」とのたまう者がいると聞く。「あんたでなくてあんたのご主人でしょう。それだけご自慢のご主人なら，教員資格もあるのでしょうからぜひその能力を生かして今から教師になってください」と言いたいものだ。
　私なら，言葉を変えてそれを言って伝える。それに気づくと，きっと言うだろう，「賃金が安くてやってられません」と。大きなお世話だ。
　現場に居合わせたことがないが，教師が対応する際，保護者が年下と年上で差がないのだろうか。全くないとはいえないだろう。特に年齢が相当上ならば自ずと敬語になり，年下だと丁寧語かタメ語になっていないだろうか。
　保護者と対面するときは，間違いなく常に平等でなくてはならない。苦情を言うということは，何らかの不満があるのであって，その解決や改善のために学校へ来るのだ。そのときの対応で若い保護者が横柄な態度で接せられたら，二重苦情といって苦情の上塗りになることだろう。その解決はとてもめんどうで，長い時間を要することが多い。本来ものを教える職業が教師だが，えてして自分のプライドが邪魔をする。心のどこかで「俺は教師だ，特別だ」と思っているのかもしれない。そのときの対応は失敗に終わり，こじれれば他人の手助けが必要になることだろう。
　ここでも一つ他業界の事例を見てみよう。百貨店に高級ブランドのショップがあった。そこの常連客がスポーツクラブで運動をしていつもと違うラフな格好でショップに行った。その姿を見た社員は服装から判断して，ここに来るのにふさわしくないと接客をしなかった。それもそのはず，スポーツクラブの帰路のため，化粧も軽めだから余計にわからない。しばらくしても販売員が声をかけないので結局自分から名乗った。すると気づいた社員が笑った。運悪くその客がはいていたのは長靴のように見えるブーツだったので，そのブーツを見て笑ったと大きな苦情になった例がある。

6章　教師の考え違いと未熟な話法

保護者が学校に来るときは，パートタイムからの帰りで，支度もそこそこに学校へ来ることもあろう。それは，多少の汚れがあるかもしれないが，それがその保護者の日常である。保護者対応は，年齢や外見に惑わされず，申し入れ内容を真摯に聞き，正確な対応が望まれる。

(5)　子どものことを忘れた癇癪

　学校問題を詳しく聞いてみると，大人どうしのトラブルになっているものが多いようだ。つまり教師対保護者である。そもそも原因の発生は生徒が絡んでいたはずなのだがどこかで話がこじれてしまい，生徒の存在を双方が忘れ，感情で戦っているような節がある。

　埼玉県行田市の事件はつとに有名だから考えてみる。最初は事が起きた際悪くない子どもに謝罪をさせたと保護者が抗議をしたと記憶するが，途中から事あるごとに教師への誹謗や中傷が連絡帳に書かれたり，電話での抗議が続き，結果として教師が精神的苦痛を訴えた。すると，保護者の言い分は，連絡帳は個人情報であり，他の教師が見ることに抗議をしている。今は，個人情報の開示はどこまでかというトラブルに発展し，結果として教師と保護者が戦っている。

　この事例で，生徒の存在はどこにいったのか？

　もし勘違いであったと教師が謝罪するか，よく聴けば生徒にも落ち度があって謝罪するに値したと保護者が認めれば，ごく普通の生徒間トラブルであるが，坊主憎ければ袈裟まで…ということになり，話はあらぬ方向に至った。これは本当に不幸なできごととといわねばなるまい。双方が大人でありながら我を張り，関係ないことまでいさかいのもとになっている。

　そこへは市教育委員会も関係しているのであろう。少なくとも校長は教師を援護したのだが，その原因たるやどちらかの簡単な謝罪の有無ではなかったか。この場合仲裁役の大人までがことの発端をつぶさに見ようとしなかったことが原因ではないか思うが，読者の目にはどう映っているのだろう。自分のことではないから，あまり興味がないとはいっていられないはずだ。それは，このようにあらぬ方向に至る危険性のあるトラブルはどこにでも転がっている。

　世間の事故では，飲食店のテーブルで揚げる串揚げの油が子どもの顔に飛び軽度のやけどを負った事件に遭遇したことがあった。このときの対応は「ともかくやけどの部分を流水で流せ」と事前にマニュアル化されていたから対応が

できた。それでも，親は苦情を言ってきた。この場合は何か要求をしたわけではないが，このやけどが将来傷になった場合どうしてくれるのか，という問い合わせであった。明確なことは食材の水切れが悪いために起こった事故であると飲食店側が認めており，回答は「今後のことに対し記録を残しましたので，何年経っても対応をするので申し出をしていただきたい」と返事をした。

　この事例からわかるように，会話を交わしたのは大人であるが，双方が子どもから目を離さないでその子どものことを心配しているから解決した例である。これをもし，曲げて攻めてくるとなると大人の喧嘩になる。やけどで痛い思いをした子どもに慰謝料を出せ。これも正論であるが，それではいくら出せばよいのか，請求が高ければ納得しないのは業者側であり，一度支払いが生じれば今後の請求はないものとするという示談書を書くことになるであろう。そこには痛みを感じた子どもの気持ちはない。

　苦情の世界は，常に現場回帰である。事が起これば現場を見ることである。学校ではどうするか，それは，事象の流れをつぶさに言葉で話し合うことである。

⑹　結局上から目線で話してしまう

　いろいろ書いてみたが，教師による考え違いはいろいろあるものだ。お前の説はおかしいという読者もいるだろうが，それはそれで正しい。きっと，反論をしても保護者とはうまくお付き合いができており，信頼されている方であろうから返答もしない。

　担任は今25人〜40人ほどの生徒を受けもっているのであろうが，ここで考えてほしいのは，保護者全てから信頼を得ることは難しいということだ。

　そんな教師が過去にいた。2010年のことであるが，京丹後市の小学校でクラスメイトのからかいをやめると約束した児童が再度からかいをしたので，教師はいじめに至ると判断し，そのからかいを受けた児童以外の男子児童全員に平手打ちをくれた。その後校長がそのことを知り保護者に謝罪をして3日間の謹慎に処した。教師は辞表を出した。ところが寛大な処分を求めたのは保護者たちで，その輪は広がり保護者全員191人の署名となって辞表の撤回を求めた。すばらしい展開でこの時点ではこの先生は全員の信頼を得たといえよう。

　これは視点を変えて見る必要もある。こんなことを書くと問題になるかもしれないが，体罰は「絶対にノー」ではないということである。体罰により救わ

6章　教師の考え違いと未熟な話法　　77

れる生徒もいれば保護者もいるということなのだろう。高校の副校長で「俺は今でもどんどんぶん殴ります」という先生がいた。2011年のことだ。その先生はうれしそうで明るかった。そしてその周りの教師は言った，「副校長に殴られるのだからお前が悪いと親が言う」と。

　さて現実に戻ろう。教師にはどうも消せないプライドというものがあるようだ。保護者の意見を受けていろいろ話し合いをするが，どうしても譲らない言葉は，「そうは言いますが，学校には学校の規則というものがあるのです」と言って，話の腰を折り釘を刺して自分を有利な立場に置く。これが保護者から見たら癪の種だ。「何であんな言い方をするのか。偉そうに」となる。この現象は知らず知らずのうちに身についており，対話が不利になると，その途端上から目線になるのだ。読者は気づいているだろうか。教師どうしでは気づけないことであろう。その結果おさまるものもおさまらないことになる。すると学年主任そして副校長と駒を変えて話を進めることになる。対等であるべき教師と保護者がいがみ合っても学校は少しもよくならない。保護者の立場を上げることは難しいから，教師が平地に下りる覚悟で話を進めれば，味方も増えてくるのではないか。それは，問題解決に早くけりがつくというものだ。

　「上から目線」という言葉はどこで使われても悪い言葉となっている。本来指導すべき教師には決してあってはならない言葉ではないかと，ふと考えた。

(7)　保護者に責任が，という考え

　『日本苦情白書』というアンケート調査の「学校」の項に，苦情が増えたかという質問があり，「増えた」と回答したのは，全8業種のうち学校がトップであった。中でも女性教師の数値が最も高く保護者の声に手を焼いていることがわかる。それは，休職社員（教師）の精神疾患率を他の業種と比較すれば一目瞭然である。その苦しさを救ってあげたい気もするが，後がどんどん続くので無理だ。2問目に苦情の原因となっているのは，自分たちの落ち度と相手（保護者）の責任が拮抗している。これを見ると，自分たちの責任ではないという回答は8業種でトップであり，相手の責任もトップである。

　この結果を冷静に判断すると，「苦情は増えたが，われわれは大きな変化がなく普通で，保護者が変わってきた」ということになるのだが，この考え方では歩み寄りはないだろう。この分析は，2010年度の東京都教育委員会の「学校問題解決のための手引き」の第1章にグラフつきで載っているからご覧いただ

きたい。そのマニュアルは，公立の教員，保育士全員に配布されており，インターネットからも印刷できるので興味のある方は見たらよい。

問題は，考え方である。質問2のような考え方しかできていないうちは，まだしばらく教師は苦しむことになる。

保護者におべっかを使っても仕方がないが，対立している児童生徒の話を双方から，どちらも納得するまで聞いたか。そして，その結論を教師は胸を張って言い切れるかということにかかってくる。

時代が過ぎるとどういう結果になっていくか。その結果が，ある職業から見えてくる。教師の職業柄全く同じにはならないだろうが，以下のように少しでも変化が始まれば教師は生き返る。

それは顧客相手のサービス業である。ここでは金銭の授受があるから学校と同じとはいえないが，苦情の歴史は長く40年にも及び，歴代の先駆者が身をもって対応しそれが伝統になっているのである。その結果は，「自分たちに落ち度がある」と企業側が直感的に考えている数値が62％にも及ぶことから，「苦情を言う人は何かに困っているから言ってくる」と考えているのである。保護者でも同様だろう。暇をもてあます人がいても，苦情をつくって言いに来る人はまずいないのである。この考え方にそのままなれとはいわないが，少しでも早くこの変化が現れてほしいと考える。

(8) 先輩教師が現役を指導できない？

前出の『苦情白書』で，保護者の苦情に対する「嫌だな」反応は，50代が高く40代が低い結果が出ている。35％台と27％台の差であるが，これは歴史を示していないだろうか。50代の教師はそこに至るまで順風満帆とはいわないまでも，保護者もよき理解者であった可能性がある。そのため，現代の極端な申し入れには順応性がなく，避けたい気持ちが出ているのだろう。それに引き換え40代の教師は，教師になって慣れてきた頃から保護者の意見が増えてきて，それをこなしてきた結果が低い数字になっていると考えられる。

すると，20～30代の教師は困ったときどこに相談すればよいか自ずとわかるといえそうだが，やはり教師とて人間，様々な人格者の集団と考えれば個人差があり，自分の目を信じて相談者を選ぶことが重要といえる。

この後の体験の項で書いてもよいのだが，指導という意味からするならここで書いたほうがよいと考えていることがある。それは，苦情現場を演じて参加

者で評価することだ。いうなれば，ロールプレイをやってみることである。これはあまり想像もしたことがないであろうが，実は高校の先生にやっていただいたことがある。それも，副校長の研修だ。最初は冷ややかな目で見ているのだが，キャストに当てられた先生は真剣そのもの。しかも始まるとどうなるか。いつもなら責められている立場が保護者を演じるのだからリアル感がある。あげくのはては一言二言台本にない言葉も飛び出す。これなどは台本を書いた私が学ぶことになる。同時に標準語の台本に地方特有の方言も入る。悪い対応例を先に見せて気づかせ，後によい対応例を演じて見せるのだが，そこまでの対応があるとは想像していないから驚く。

　終わってみると，その話題で楽しそうに話している。この効果は，現実に直面したときの対応がスムーズにいくようになることだ。つまり，目から入る行動と耳から入る強い言葉が現実では役に立つのである。これは学校に限ったことではないが，特に学校では有効だと判断している。

2．会話

(1) 教師でも未熟な話法

　教師は本来話法が得意だろうと考えていたが，教えることはできてもうまく使える人は少ないように感じる。話法とはていねいに話すことも要素の一つではあるが，全てではない。私は苦情の対応が生業であるから，相手との言葉の駆け引きが相手に劣るようではおさまるものもおさまらないことになる。これは難題だなと思える苦情には探りを入れる。その探りでうまく現状が理解できないときは，あえて相手に逆らって激高させることもある。そのときに飛び出す罵声や非難の中に糸口をつかむという荒技だが，めったに使うことではない。激高する中で心理をつかんだときは神妙な顔をしてわびることで，対応ゲームが再スタートする。

　もう一方で話法の利用の仕方によっては，相手を手のひらに乗せ，自由に気分よく話をさせることだけでおさまることもあるのだ。これもまた忍耐が必要であり，カチンときたときに表情に出たならば一巻の終わりである。私の場合は口から出まかせではないが，この話法を使うときは完全に気を抜き，相手の話に酔っている。この間はこちらを非難していても苛立つことがない。しかし，この技とて簡単に身につくことではないし，指導もできない。苦情対応一筋17

年の芸が完成に近づいているとみてほしい。

　話法で相手を納得させるのに大事な点は話の順序である。それは聞いている側にとっては容易に整理されて耳障りがよく，理解できて納得することが多い。

　教師は敬語の使い方は完全であろうと思うが，使い方一つで相手に変化が出ることがある。特に年配者は敏感であるので，祖父母等が同席した際は注意が必要である。敬語も尊敬語や謙譲語を使うことはよいが，それだけで対応すると固くなる。その場の空気も固くなり，にっちもさっちもいかなくなるだろう。

　逆に，解決に近づいたと判断したなら，少し親近感をもたせる意味から，丁寧語の多用に切り替えることでその場が和む。さらに進めば，軽い冗談のつもりでタメ語も利用できる場合があるが，これはいわば瞬間芸で，十分な注意が必要である。

　いちばん悪い対応は，話が途切れて場の空気が沈んで無言の時間が長くなることで，これだけは避けたい。

　話術では，間の取り方がある。これは無言ではあるが，相手にとっては考えさせる有効な言葉になっているので学んでほしい。事例で説明したほうがよいだろう。保護者が無理難題を言ったとする。そのとき抵抗するのではなく即答もせず，下を向いてしばらく無言で考えているふりをするのだ。すると，相手は「少し無理を言ったかな，これはきつかったかな」と自分で判断というより反省をするのである。その後に，「どうしました」と気遣いの声をかけてくるだろうから，「あまりにも難しい申し出に，頭が混乱してしまいました。また，このお返事は私一人では決めかねます」と，前から準備していた回答を述べることである。

　話すことには準備が必要であり，いくら教師といえども，出たとこ勝負では，言葉につまってしまう。ただし，言葉につまり，話法が少しおかしくなっても，話が通じ，最後は気分よくお帰りいただけたならばそれでよいのだ。

(2) 演技者は相手の心を動かす

　演技をするのは，苦情やクレームを持ち込まれた教師や副校長である。この演技には嘘があってはならない。正直は維持しつつも相手のことも思慮している印象を植えつけるのである。

　演技は全身を使って行う。手振り，首振り（頷き），首のひねり，目線をそらす，じっと眼を見て毅然さを出す，声のトーンを変える，オーバーに驚いて

6章　教師の考え違いと未熟な話法　　81

みせる，ものを取りに行くことで席を外す，目を閉じてじっくり聞く，天井を仰ぐ，どこでもよいから慇懃無礼でなく素直に相手を褒める，経過を聞く中でその都度わびるときには大きめな声で何気なく圧力をかける等々，ざっと見てもこれくらいあるが，まだ，他にもたくさんある。

　これらをうまく使う目的は何かといえば，和みをかもし出すことにある。特にこちらの失敗談などを話せば，相手が笑い出すことさえあるのだから，そのときは同じことをさらにオーバーに言えばよい。これは受ける。

　発声では，言葉のトーンや大きさは相手の心に響かせることができる。相手が悔しい思いを述べたら，小さな声で「それは悔しかったですね」とまゆ毛をハの字型に寄せると，さも同情して見えるものである。

　話題が良好になったら，こちらのペースに巻き込む。例えば，和んだなと感じたとき，相手が趣味を口にしたとき，誘った言葉に反応したとき，相手の趣味に少しでも知識があれば話題にする。野草とか書とか絵とか，鑑賞や観劇，登山，水泳等々，この場合はにこやかに話し，難しい点を夢中になって話すこともある。そうなれば終わったも同然である。

　肝心なことは，自分でも得意な分野をいくつかもつことであろう。

(3)　保護者対応をどう学ぶのか

　対応に苦戦している教師は，その対応の仕方を学ぶ場も少ないことがわかった。それはそれで困ったことだが，加えて，それをどう学んでいるかという問題もある。学ぶ場がないうえに，どう学ぶかはさらに難しくなっていく。でも，今はまだ学ぶことを望んでいるという声が少ない。一説によると，教師は，病気の方もいるだろうが年間100人以上の自殺があると新聞で報じられていた。そこまで教師はまじめなのだから，疲れないような技術を学べばよいと思う。しかし，現在，あるアンケート分析をしているが，どうも変化が出てきているようだ。その中身をみると，学校内で話ができつつあるという感触があるほか，上司への信頼が大きくなってきているようである。そして学びたいという意見も増えており，教師が保護者問題（苦情）への対応を自覚してきている。ぜひ支援をしたいし，実現へ向けて一緒に考えよう。

　一般に学校経営には自然と慣れてくる。それは大きな流れがあり急に変わるものではないから常にうまくまとめていける。しかし，教師にとまどいがあるとすれば，保護者対応（苦情）についてである。それは，どんな内容のものが，

いつくるかわからないために怖いのである。

　保護者問題がこれほどひどい問題になる前の時代，そう，今から10年以上前はとまどいと否定の繰り返しであったが，結果として負けた例が多々ある。

　でも，まだ簡単に考えている気配は感じる。例えば，5＋3＝8という解答はぶれないが，保護者の苦情は何を言ってくるのか読めないこと。読めなければ今までの事例が参考にならないこと。参考にならなければ対応したとき成功する可能性が低いこと。それらは，苦情対応の世界と全く同じなのだ。教師側に頭の固さがあるうちは，その点が理解できないだろうと思う。

　しかし，アンケートでわかってきたことは，簡単に表記するが，「クレームを避けたい」という回答が26％，これは以前より減少している。上司や管理職関連では，「相談をしている」が64％，「相談に乗ってくれる」が28％を示し，教師との距離が縮まっている，といえる。だが，管理職の弱い面を目の当たりにしたり，教育委員会の後押しの弱さを見たりするにつけ，いざ直面した時に孤立してしまうのではないかと心配になる回答も見られる。また，将来のある若い教師が「保護者に合わせる」という姿勢になり，その結果，本来の仕事である「未来を支える児童への教育」が弱体化していく懸念がある。ただ，どちらにしても学ぶ重要性に気づきだしたことは先行きが明るい。

(4)　自分を追いつめる言葉

　苦情には禁句と，してはいけない行動がある。禁句はたくさんあるが，「それはできません」を即答してはいけない。また，「使い方は正しいのですか」と言えば，帰ってくる言葉は想像がつくだろう。行動というより顔の表情も注意しないといけない。特に「目は口よりもものを言い」というように，気をつけるべきだといわれている。

　保護者対応でも禁句というものはあるだろう。例えば「それは何かのまちがいでしょう」「当校の生徒にはいません」「報告がありません」等々は学校らしい会話で冷たく聞こえている。態度もあると思う。話を聞いてはいるがメモも取らない，会話の最中に目をそらす。これらは学校に限ったことではないが，追いつめられたときにこんな行動をしていないだろうか。

　禁句の一つとして，「そうは言いますが，学校には学校の決まりがありますから……」がある。これを，時に応じて言い換えても意味が変わらない言い方をもつべきである。これは正論なのだから。

なお，自分を追いつめる言葉をつい使いがちになるが，責任転嫁，言い訳，逃げの一手，悲観的発言などには気をつけなければならない。これらの言葉は一言まちがうと，その対応が独り歩きを始める。独り歩きのうちはよいが，それに尾ひれがつくともう手を出せないほど膨れ上がってしまうのが言葉の力である。また，言葉には同じ言い方でも違う意味にとられる言葉がある。それらは，口にするときに反芻してから話すべきで，誤解を招かないためには，補語も述べるべきである。くれぐれも慎重に対応したいものだ。

(5)　体験を生かす

　これも学ぶことの一つであるが，むしろ記憶するといったほうが正しいだろう。苦情への対応はともかく大変であり，一つ片がついてもその後に思い返すことが多々ある。「あの時こうしておけば…」「あの時こう言えばよかった」等々，常に復習をすることとなる。実際はうまく片がついても，数年してからもっといい対応に気づき，悔いとなって残ることもある。

　学校で起こる問題は，似ているようでも微妙に違い，マニュアル化できないケースが多い。これを克服するには体験がいちばんの教科書である。その体験で失敗したものこそよい手本になる。他の教師の話はあまり参考にならない。それは教師だけでなく，どこの世界でも同じである。みな成功したことだけを話すのだから。

　これは別の世界の例だが，私は歯科医師会によく講演に行く。そこでは会長と理事数名がいる。その中で専務理事や常務理事が，歯科医師会会員医院への患者の苦情を受け対応しているのだが，よく自慢話をする。会員に降りかかる苦情だからがんばって防御したいのだろう。その武勇伝を聞くとうまくまとめているが，患者の立場からは全く役に立たない対応をしている。最終的にはその患者は医院を変えてしまっただろうと思われる。これでは，体験も無駄なものになるし，大事な資金源である患者の減少につながっていく。ともかく歯科医師は苦情処理が下手なのである。

　さて，学校内で体験を生かすのであれば，経験者が対応を正直に報告して，その対応が成功だったのか失敗だったのか，そして，そのポイントはどこにあって，その言葉はどのような言葉だったのか。そのように探し求めていけば役に立つだろう。情報の公開という点からいけば，同じ校内では問題がすぐ広まるので，校長間で事例交換をして校名を伏せて研究することができれば最高で

はないか。それも無理なら，教育委員会が校名を隠し情報として流すことをすればよい。これらがいちばん生きた体験談になると思う。

(6) 話法は話術からなる

声は人によって全く違う。声によって相手によい感じを与える人と，不快感を与える人とがいる。それは，保護者対応でも大きな差が生じる結果となる。電話など姿が見えない場合はなおさらであり，また話し方にはそれぞれ癖があって，これも相手の感情を左右する。私は若い頃，受けた電話の年配女性が威張っているのでカチンときたことがあり，自分でも冷たい声になり，返事も「はい，はい」とばかにしたものとなっていた。すると，その女性は一言「はいは一つ」と言ったことをよく覚えている。それは，人を見下した低能な威張った客に抵抗しただけだから，今でも反省はしていない。

対話は話法というしゃべりの法則があり，敬語を使い，禁句を避ける。さらに感情を抑えながら，相手の気持ちを落ち着かせる等々いろいろある。しかしそれ以上に難しいのは，話術である。これは，言葉のマジックといえる。

言葉のマジックは相当慣れていないと使うことができない。しかも，経験がものをいう。私は苦情の世界にいてすでに17年，2,000件以上の対応をしたことから様々な話術を身につけている。苦情対応の場では，本当に短い間に対話だけで解決への方向づけをしなければならないのである。

例をあげれば，
①相手が話しながら気分がよくなるような相づちを打つ
②饒舌でない人には，誘い言葉を駆使して状況を聞き出す
③威嚇をする人や語気の荒い人に対する，クッション的な言葉づかい
④無謀な要求をかわす技（言葉）
⑤同じ話を何回もする人の話の遮り方
⑥暴力をふるいそうな人
⑦間をどのようにして保つか
⑧いくらでも湧き出てくる語彙

その他にもあるのだが，ともかく途切れることなく相手の話に合わせ，真実を的確に判断して，その対応を一言で当てて相手が満足しなければ，この仕事は務まらない。

教師のみなさんは，聖職にあるので本来苦情などないはずであり，その対応

をすることもなさそうなのだが，そうはいかない。これも時代の変化で，苦情が発生すると対応困難になることがあっても，おかしなことではない。

　教師は苦しむことがないように，徐々にでよいから学校で使える話術というものを身につけていただきたいものである。

(7)　対立を避ける会話で，親の信頼を変える

　最後は，保護者の申し入れに対しては，内容にもよるが詳細を聞いて早合点することもなく，そうかといって時間をかけすぎることもなく，対応を図っていただきたい。最悪な結果は話の筋が見えず，食い違いが生じて対立してしまうことだが，これは絶対に避けねばならない。このことは，個人としても学校としても徹底しておくべきことである。こじれた場合の悲劇を知っていればなおさらである。

　昨年も私の住まいの近在にある小学校でトラブルが発生し，保護者と教師の言い分が食い違い，その結果，50代の教師はたった2週間で休職に入ってしまった。問題を解いていくと，学校の言い分が正しかったのだが，原因は第三者の保護者がかき回していたためである。こうなると悲劇といわざるを得ない。しかし，倒れた教師は対応の仕方にあまりにも無知であったともいえる。

　学校問題がこじれるもとには，数々の事例から，ことなかれ主義が存在し，弱腰もあると見える。これらへの対応では，話法によって簡単に保護者との距離を縮めることができたり，結果としてトラブルをチャンスに変えることができたりすれば，その後の学級運営は非常に楽なものとなる。保護者の信頼を得るには，常に生徒を念頭に置いた会話を心がけることが大切であり，親心もそこにあることを忘れないでほしい。

7章　保護者との対応で燃え尽きないために

兵庫教育大学　新井　肇

1．はじめに

(1) 一つの事例から

　A先生は38歳の男性教諭。新任から農村部で3校を経験をした後，都市部の大規模校に転勤し，5年生の学級担任となった。勤務校は住宅地にあり，教育熱心な親が多い。1学期途中から，女子児童3名が禁止している物を学校に持ってくる，授業中に出歩く，ときには授業エスケープをするなどの問題行動を起こすようになった。対応に苦慮しているうちに，集団での万引きも発覚した。保護者の協力を得ることが必要と考え，当該児童の親を個別に呼んで話をしたり家庭訪問もしたが，一向に改善されなかった。1学期後半にはその3人に追随する児童も出てきたので，学級会で児童自身に考えさせたり，校長と相談のうえ保護者会を開催した。しかし，保護者会では「男の先生なのだからしっかり締めてくれると期待していたのに」「担任はじめ学校の指導が悪い」と学校批判の会のようになってしまった。A先生は弁解に終始するしかなく，「よそから来た新米として，親に値踏みされている」ような嫌な感じを抱いた。

　その後，学年主任が中心になってA先生をサポートし，児童への様々な働きかけを行ったが，クラスで何かしようとしても3人が中心になって「それ嫌だ」と言い出すと周りも同調したり，注意してもその場限りで効果がなかったりという状況で，学級全体の指導にも行きづまりを感じるようになっていった。まじめな児童の親からは「何とか早く学級を立て直してほしい」と苦情が寄せられ，「にっちもさっちもいかない」という気持ちが強くなり，疲れがとれずにだるい感じが続き，出勤したくない気分に襲われる日が多くなった。

(2) 転勤による困惑と熱心さが裏目に

　A先生は授業にも特別活動にも熱心に取り組み，熱意をもって子どもに接してきた。都市部の学校に転勤するまでは特につまずくことはなく教職の理想に燃えていたが，この1年間は真剣に教師をやめることを考えるようになったと

いう。A先生は優しい性格で，子どもや同僚に対して強く出ることができない。相談すると，相手の意見に必要以上に従ってしまうようなところがある。まじめで，責任感も強く，人に頼まれると嫌と言えずに仕事を引き受けすぎ，後で後悔することもよくあるという。

　この事例でも，保護者の理解を得て問題を解決しようとしたが，子どもたちの問題行動の背景にそれぞれの家庭の事情（離婚係争中であったり，経済的困窮など）が横たわっていたため，家庭訪問をしたり，保護者会を開いたりしたことが，その問題に無理に立ち入ろうとしているように受け取られ，かえって反発する保護者も出てしまった。必死に解決しようと努力したことが裏目に出てしまったのではないかと思われる。また，問題を抱え込むつもりはなかったが，着任早々で他の学年の同僚などに相談する余裕もなく，結果として学年という枠の中で抱えることになってしまった。管理職が相談にのってくれたことには感謝しつつも，学校全体の問題として取り組むという方針を出さずに内々にすまそうとしたことに納得のいかなさを感じていた。あくまでも学級の問題にとどめ，担任と学年主任だけに任せて解決を図ろうとした学校の閉鎖的体質が問題をこじらせてしまった背景にあると考えられる。

　また，転勤直後ということも対応を難しくした一因としてあげられる。慣れない土地柄や学校風土の違いからそれまでの自分のやり方がうまく通じないときに，「少しでも早く周りの期待に応えてしっかりとしたクラスにしなければ」という焦りから子どもや保護者への対応が空回りしてしまうことは往々にして見受けられる。そうなると，長期的に考えたり全体を見渡して行動することができなくなり，行きづまりばかりが浮きあがって身体も心も疲弊してしまうことになる。

　結局1年間精神的に苦しい状況が続き，やめたいという気持ちが常に頭から離れなかったが，当該児童が6年に進級したときに違う学年の担任になったことで気持ちが楽になった。そのまま6年にもち上がっていたら，教師をやめていたかも知れないという。

(3)　保護者対応の難しさ

　若い教師が自分よりも年上の保護者とうまく信頼関係を築けないというケースは以前にもあった。しかし，最近ではこの事例のように，中堅やベテランの教師，ときには管理職までもが保護者対応に苦慮し，中には休職や早期退職に

まで追い込まれてしまう場合もある。教育委員会によっては，その現状を重く見て，支援チームを設置したり，保護者のクレームに対応する弁護士を雇ったり，教師向けのマニュアル作りや研修会を開催するなど様々な方策を講じているが，トラブルが減少する気配は見えない。

　子どもは家庭だけでも，学校だけでも育つものではない。家庭と学校が連携して初めて，子どもの十全な成長を促すことが可能になる。ことに，小・中学生段階においては，保護者が児童・生徒に与える影響は大きく，教師にとって保護者との人間関係を築いていくことも児童・生徒との関係を築くことと同様に重要である。しかし，日々の仕事に追われる中で，保護者への連絡は学級通信や連絡帳，あるいは電話といった間接的なものになりがちで，直接顔を合わせる機会は限られてしまうのが実状である。保護者の学校への期待や要望が多様化する中で，これまでどおりの指導方針では保護者との連携が難しくなってきている。保護者から信頼感を得て実りある連携を築いていくことが，生徒指導上からも，教師のメンタルヘルスの面からも大きな課題となっている。

2．教師をめぐる状況

(1) 学校と教師ををめぐる状況

　子どもを取り巻く環境や子ども自身の変化による児童・生徒理解の困難さ，学校のあり方自体が根底から問われるような教育の公共的使命のゆらぎ，学校と教師を非難する世論やマスコミの攻撃などを背景に，教師は厳しいストレス状況にさらされている。教育現場の状況が著しく困難になる中で，教師としての仕事にまじめに取り組んだ結果，生徒指導の困難さや人間関係に由来する心労に直面し，強いストレスを覚えて心身の不調をきたす教師が急増している。休職や退職に追い込まれるとか，うつ病などの精神疾患にかかっているというわけではないが，日々の教育活動に神経をすり減らしながら休暇をつなぎ合わせるなどして何とか勤務を続けている教師は少なくないと思われる。

　歴史的に振り返ると，1980年頃から子どもの成長・発達の危機や学校そのものの存在意義がゆらぎはじめたことを背景に，不登校・校内暴力・いじめなどの問題が噴出してきた。1990年代に入ると学級崩壊に象徴されるように混迷と困難の度合いがいっそう強まり，さらに2000年代に入ってからは，家庭や社会の急激な変質に伴い，児童虐待やネット犯罪，薬物乱用や子どもの自殺の連鎖

などが大きな社会問題となってきた。

1998年に，文部省（当時）は「児童生徒の問題行動等に関する調査研究協力者会議」による報告書『学校の「抱え込み」から開かれた「連携」へ』の中で，「表面上はおとなしく素直に見える子ども，学業成績も比較的よく目立った問題行動も見られない子どもが，突然，対教師暴力や犯罪行為に及ぶような，これまで見られなかった新しい型の問題行動が増加する傾向」が見られると警告し，これを「学校の新しい荒れ」と名づけた。

実際，2010年度の暴力行為発生件数を見ると，小学校7,092件（前年度7,115件），中学校4万2,987件（前年度4万3,715件），高等学校10,226件（前年度1万0,083件），合計6万0,305件（前年度6万0,915件）で，4年連続の増加から減少傾向に転じたが，発生率（児童・生徒1,000人当たりの発生件数）は4.3で前年度と変わらず，調査開始以来最悪の数字を示している（文部科学省，2012）。

新しい荒れの特徴として，①非行傾向のある子どもと普通の子どもの境が見えにくい，②子どもが自分自身の苛立ちや不安が「何であるか」つかめない，③学校や教師が大事にしてきた常識や規範意識と，子どもや保護者のそれとの間に大きなズレが見られる，という点を指摘することができる。これらのことが，従来以上に生徒指導の困難さを増幅させている。

また一方で，教育現場における管理強化や成果主義の導入によるゆとりのない勤務状況や，サービス化社会の進展の中での保護者・地域からの過大な要求の存在も教師の仕事の難しさに拍車をかけている。学校がこうした錯綜した危機にゆれるとき，児童・生徒のみならず，教師の心身の状態にも深刻な影響が生じることになる。

(2) 悪化する教師のメンタルヘルス

文部科学省が公表した2010年度の全国公立学校教職員の病気休職者は8,660人にのぼり，15年連続で過去最多を更新した。そのうち，うつ病や適応障害，ストレスによる神経症などの精神疾患による休職者は5,407人で全体の62.4％を占め，10年前の2,503人に比べ倍増，病休者全体に占める割合も39.2％から大幅増となっている（表1）。

一方，教員採用試験に合格しながら，1年間の試用期間後に正式採用とならなかった教員は2010年度は296人にのぼり，うち約3割の91人が精神疾患による依願退職だったことが判明している（文部科学省，2011）。また，最近増加し

表1 病気教職者等の推移（平成13年度〜22年度）

(単位：人)

	13年度	14年度	15年度	16年度	17年度	18年度	19年度	20年度	21年度	22年度
在職者数 (A)	927,035	925,938	925,007	921,600	919,154	917,011	916,441	915,945	916,929	919,093
病気休職者数 (B)	5,200	5,303	6,017	6,308	7,017	7,655	8,069	8,578	8,627	8,660
うち精神疾患による休職者数 (C)	2,503	2,687	3,194	3,559	4,178	4,675	4,995	5,400	5,458	5,407
在職者比(%) (B)／(A)	0.56	0.57	0.65	0.68	0.76	0.83	0.88	0.94	0.94	0.94
(C)／(A)	0.27	0.29	0.35	0.39	0.45	0.51	0.55	0.59	0.60	0.59
(C)／(B)	48.1	50.7	53.1	56.4	59.5	61.1	61.9	63.0	63.3	62.4

(注)「在職者数」は、当該年度の「学校基本調査報告書」における公立の小学校、中学校、高等学校、中等教育学校及び特別支援学校の校長、副校長、教頭、主幹教諭、指導教諭、教諭、助教諭、養護教諭、養護助教諭、栄養教諭、講師、実習助手及び寄宿舎指導員（本務者）の合計

ている定年前の早期退職者（2009年度12,732人）の中にもメンタルヘルス面での問題を抱えている者が含まれているという指摘もある（保阪，2009）。

このような病気休職者や早期退職者に加えて，病気休暇をとっている教師たちの存在も看過できない。2009年度に兵庫県内の公立小中高特別支援学校で，うつ病など精神性疾患で療養した教職員は372人にのぼることが，神戸新聞による県教育委員会・神戸市教育委員会への取材でわかった（神戸新聞，2010.5.25朝刊）。その年，文部科学省が発表した兵庫県内の3か月以上の病気休職者は96人となっている（文部科学省，2010）ので，病気休暇者も加えた数はおよそ4倍になると推定される。このような状況を考えると，表1の数字はあくまでも氷山の一角にすぎない。ストレスを抱えながら学校現場で懸命にがんばっている多くの教師のメンタルヘルスが，これまで考えられてきた以上に深刻な状態にあるといわざるを得ない。

3．教師の燃え尽き現象（バーンアウト）

(1) バーンアウト（燃え尽き）とは

精神科医の中島一憲は，教師のメンタルヘルスが深刻の度合いを強めている中でも，「もっとも多いのは抑うつ状態に陥る燃え尽き症候群（バーンアウト）」（中島，2003）であると指摘している。バーンアウト（燃え尽き）とは，教師・カウンセラー・医師・看護師・介護福祉士などの対人援助職に特有のストレスを指す概念であり，単なる疲労とは異なり，「長期間にわたり人を援助す

る過程で，解決困難な課題に常にさらされた結果，極度の心身の疲労と情緒の枯渇をきたす症候群であり，自己卑下，仕事嫌悪，関心や思いやりの喪失を伴う状態である」(Maslach, C., Jackson, S.E., 1981) と定義される。

　対人専門職の中でも，教師は持続的な集団への対応を迫られる点で，困難度がいっそう高いと思われる。クラスの児童・生徒が30人いれば1対30の対応を迫られ，しかも子どもや保護者は30分の1の対応では満足しないという難しさがある。常に個と集団とのバランスを取りながら，子どもの変化や保護者の要求を敏感にキャッチすることが求められる。また，担任と児童生徒，担任と保護者の関係は少なくとも1年間は継続される。医師やカウンセラーと違って，お互いに相手を変えることができないため，人間関係がこじれると身動きがとれなくなってしまうケースも多く見られる。

　さらに，教師の仕事自体に内在する問題がある。教育学者の佐藤学は，教職の特徴として，「再帰性」「不確実性」「無境界性」という3点を指摘している (佐藤，1994)。「再帰性」とは，教育行為の責任や評価が，児童・生徒および保護者から絶えず直接的に返ってくることをいう。「不確実性」とは，教える相手が変われば，同じ態度や技術で対応しても同じ成果が得られるとは限らないということである。異動に伴う環境変化からバーンアウトに落ちるケースが少なくないことがそれを物語っている。「無境界性」とは，ここまでやれば完成というゴールが見えないために，仕事が境界を越えて職場外の日常生活にまで入り込みやすいということである。仕事を家に持ち返ったり，気になる子どものことが頭から離れなくなったり，また，突然保護者から相談や苦情の電話がかかってきたりして，素の自分に返ってほっとする時間がもてなくなってしまうことも少なくない。したがって，今，多くの教師が「ストレスのるつぼ」(中島，前掲) の中に置かれているといっても過言ではない

(2) 教師の重層的人間関係

　文部科学省も，先述の調査報告 (2011) の中で，教師のメンタルヘルスの深刻化について「子どもや保護者との人間関係で自信を失い，ストレスをため込んでいる」ためと分析している。教師は日常的に，①児童・生徒との人間関係，②保護者との人間関係，③教師間の人間関係，という三つの複雑な人間関係に取り囲まれている。特に，児童・生徒との人間関係が悪化した場合には，教師と児童・生徒双方にとって大きなストレッサーとなる。しかし最近では，子ど

もの指導よりも保護者との対応に多くのエネルギーをとられてしまうという教師たちの声を耳にすることがよくある。実際，筆者が担当する大学院の授業において，現職教員研修生に学校におけるストレス要因について尋ねたところ，表２のような結果が得られた（2006年度：受講者99人，2012年度：72人）。

表２　学校におけるストレス因（複数回答可，左の数字2006年度・右の数字2012年度）

ストレスの内容（上位５項目）	人数
手に負えない児童・生徒に振り回される	37→35
職員間の共通理解や協力が得られずに孤立	20→17
管理職との軋轢	12→11
同僚とのトラブル	11→14
保護者との人間関係	9→17

児童・生徒との人間関係，職場の人間関係と並んで，保護者との人間関係が大きなストレッサーとなってきたことがわかる。本来連携すべき保護者が，ときとして学校に過度の期待を抱き，無理な要求をつきつけ，関係がこじれた場合には，教師にとって大きなプレッシャーとなる。ことに教師への信頼や尊敬が薄れがちな今日の教育状況の中にあっては，年齢を問わず，多くの教師にとって負担になることが少なくない。

仮に子どもや保護者との関係がこじれた場合でも，教師間の人間関係が良好で，協力的に解決を図ろうとするサポーティブな雰囲気と体制とが職場に確立していれば，モチベーションを低下させずに困難な状況に取り組んでいくこともできる。しかし，教師間の人間関係が崩れ，孤立化が進んでいる場合には，職場の人間関係そのものが教師にとってストレッサーとなり，子どもや保護者との関係の悪化がバーンアウトを促進する大きな要因となるのである。

(3)　燃え尽きる前にどう支え合うか

困った問題があるときに相談できる人が職場内に存在することは，バーンアウトを抑止するうえで大きな力になると思われる。ただし支援者がいるにもかかわらずバーンアウトしていくケースを考えると，情緒的な支援だけでなく困った状況を乗り越えるための具体的な支援，情報を提供したり一緒に家庭訪問したり，チームで問題に対処するといった対応が実際に行われるか否かが重要である。また，支援者がいるにもかかわらず，自らを閉ざしてしまいバーンアウトに陥っていくケースもある。

したがって，悩みや問題を抱えたときに，孤立させずに職場全体で支えるこ

とが重要となる。かつての学校には，ストーブを囲んでの炉辺談話や帰りがけの「一寸一杯」というようなフォーマルとインフォーマルが溶け合ったコミュニケーションがあった。ところが今は，みんながパソコンに向かい無言状態が続く職員室，多忙や自動車通勤の増加による交流機会の減少など，学校内とその延長上での癒し空間，教師の心の居場所が少なくなり，教師どうしが本音で語り合い，愚痴をこぼし合う機会が失われつつある。だからこそ，教師相互が話し合い，支え合う雰囲気を「意図的に」つくり出すことが必要となっている。

(4) しんどさを共有できる職場に

　愚痴がこぼせる，必要なときには休める，消耗している感じの同僚がいたら周りから自然と声がかけられるような職場にするためには，ときには誰かが「大変だ，しんどい」と声を出すことも必要なのではないだろうか。園田(2002)も指摘するように，しんどさを感じることが不適切なのではなく，児童生徒への攻撃や保護者への責任転嫁，同僚へのいびりなどに無自覚に転化することが不適切なのである。各自がバラバラになって，悩みを抱え込みながら孤立感を強めるだけの職場にならないように，がんばりすぎて限界に至る前に，素直に「しんどい」と言える温かい職員室の人間関係を築きたいものである。

　そのためには，教師どうしが相互に認め合い，信頼し合い，多様性を容認することが大切だと思われる。子どもとの問題であれ，保護者との問題であれ，うまくいかないときに弱音を吐いたり相談することは恥ずかしいことではないこと，違う個性が助け合わなければ一人では何もできないことをお互いにわかり合うことが同僚性を高め，協働で仕事に向かう基盤を形づくることになる。

4．保護者対応で燃え尽きないために
　　―対応の難しい事例から考える―

　教師が努力して保護者が望むような教師像に近づいたとしても，保護者からの要望や苦情が全くなくなるとは考えにくい。そのようなときにどう対処していけばよいのか，難しい保護者との対応をめぐって燃え尽きないためには何が必要なのか，まずは事例を通して考えてみたい。

(1) 過保護で自分本位な保護者の事例

　小学校5年生のB子は林間学校から帰ってくると，同じクラスのC子から林間学校中ずっといじめられていたと母親に訴えた。連絡を受けた担任が聞き取りをした結果，一度喧嘩になったことが判明した。C子からB子への謝罪があ

ったが，B子の母親からは，それ以降も「席を近くにしないように」とか，「グループ分けのときも離してほしい」と要望が続いた。6年生は違う学級にしたことで一時はおさまったが，偶然二人が同じ私立中学校に合格したことがわかると，B子の母親は「C子に進学を辞めるように学校から指導してほしい」と要求してきた。母親の強引な態度を前に担任は対応に困惑してしまった。

①理解と対応

　子どもの言い分だけを一方的に信じ込み，事実を受け入れようとしない強烈な自分の子本位の保護者が最近とみに増えているように思われる。そのような保護者の場合，子どものトラブルをめぐって片方の要求を聞きすぎてしまうと，何を言っても学校は自分の言うことを聞いてくれるという思いこみを抱きかねない。苦情に関しては，まずしっかり聞くことは大切であるが，事実を正確に把握する姿勢を前面に出し，対応として「できることと，できないこと」を毅然と示すことも重要であると思われる。トラブルを早期に解決したいという焦りから，片方の話だけを一方的に鵜呑みにして，問題をさらに悪化させてしまうようなことがないように気をつけることも必要である。担任は一人で抱え込んで疲れてしまうことがないように，B子の母親に対して多少なりとも話ができる教職員の協力を得ながら，焦らずに対応することが肝要である。

(2) **教師依存の保護者の事例**

　6年生に子どもがいるDさんは，自分の気持ちが滅入ると担任や教頭に電話をかけてくる。内容は「子どもが遅く帰ってきた」とか「子どもが擦り傷をしているがどうしたのか」というささいなことなのだが，会話を遮ったり否定するようなことを少しでも言うと，豹変して攻撃的になる。自分の正当性を主張し，さらに恫喝したり，威嚇するような言葉を放ち，気持ちがおさまるまで延々と続くことがしばしばある。教育委員会や家庭センターに，学校や先生のことで嘘の内容を広めることもあり，担任は精神的に消耗してしまった。

○理解と対応

　苦情を言うことで自分の気持ちを晴らそうとする保護者の場合，時間も無制限で，あることないこと言いふらすことも多く，相手をする方は精神的に消耗してしまう。実際，担任が電話で対応すると教頭や校長の悪口を言い，教頭が電話で対応すると担任の批判をし，校長が電話で対応すると担任と教頭の批判をするなど，組織内の人間関係を悪化させるような発言をする保護者がいて困

ったというケースもある。この事例のＤさんの場合，虚言，操作性，衝動性，依存と攻撃の併存など，母親本人の心の問題が懸念されるので，対応にあたっては，必要以上に巻き込まれないように注意する必要がある。具体的には，①だめなこと，できないことははっきりと言う，②身の上話に同情しすぎない，③あわてず騒がず冷静に対処するように心がける，ことが大切である。

　聞かされた内容を一人でもちこたえるのが大変な場合には，信頼できる先輩教師や管理職，スクールカウンセラーなどに相談してスーパーバイズを受け，少しでも心の負担を軽くすることが自分自身のメンタルヘルスのために必要である。また，校内の教職員間の連携をしっかり取って情報を共有すること，関係する外部機関とも情報交換をまめに行うことも忘れてはならない。

５．信頼関係に基づく保護者との連携を築くためには

　関係性の破綻がバーンアウトを引き起こす大きな要因である。したがって，保護者対応において燃え尽きないためには，日頃から保護者との信頼関係の形成を図ることが重要なポイントとなる。そのための留意点を次にまとめてみた。

⑴　ていねいな姿勢で具体的に対応する

　信頼関係とは「この人なら自分の思いや悩みを話しても大丈夫」という感覚をもつ関係である。そのためには，保護者の関心に寄り添って誠実に聴く（「傾聴」）ことが何より大切となる。そのうえで，次のような姿勢で具体的に対応することが信頼関係の形成につながる。

①保護者への連絡はこまめに，ていねいに。
②初期対応が肝心，迅速かつ誠意ある対応を（後手に回ってからの不用意な説明は言い訳にしかとられかねない）。
③すばやく的確に事実確認して，説明責任を果たす（問題が広がりを見せる場合には複数の教員で対応）。
④問題性が深いと思われる場合には，できるだけ「顔と顔を合わせる」ことを心がける。電話や連絡帳による連絡はできるだけ避ける。
⑤具体的な対応策なしに「様子をみましょう」はやめる。

⑵　子どもをめぐって協力し合うパートナーとしての関係を築く

　保護者を親という固有の立場からわが子と真剣に向き合う子育ての専門性をもった存在として尊重すること，また，どんな困った保護者でも好ましい変化

のためのリソース（潜在的な力）をもっていると信じることも忘れてはならない。こちらから信頼する気持ちがあってはじめて相手からの信頼も得られる。

(3) 教師と保護者が目標を一致させるように努める

　子どもの問題をめぐって，教師と保護者が目標を一致させることを怠るために混乱を招くことはよく見られる。そうならないように，まず保護者の訴えを明確にする（「何が問題なのか」）ことが大事である。訴えの根底にあるものが子どもの課題なのか，それとも保護者自身の課題なのかということを見極め，病理性が疑われる保護者の場合には関わる距離を定めることがバーンアウトを防ぐうえで重要となる。

(4) 親の訴えの背後にある思いや願いに気づく

　保護者の常識を超えた要求や攻撃的な訴えの根底に，親自身の不安や悲しみが潜んでいることも少なくない。表面的な言葉だけでなく，言葉の背後にあるものに思いを向ける必要がある。教師としての役割から離れ，一人の人間として語る（自己開示）ことで相手の気持ちを引き出すことが可能となる場合もある。バーンアウトは理解の枠組みが崩され無意味感や消耗感が増幅されたときに引き起こされることがよくあるので，理解をどう深めるかが重要である。

(5) 教師自身の自己理解を深める

　燃え尽きやすい性格特性として，①手を抜けない，責任感が強い，一人でがんばる，②理想に燃え，「こうでなくては」という「べき思考」に駆り立てられる，③他者の期待に応えようとするあまり，必要な自己主張も我慢してしまう，④万能感を抱きやすく，妥協することが苦手，ということがあげられる。自分が縛られている固定的なものの見方を点検し，視点を少しずらすことで気持ちが楽になったり周りが見えるようになると，バーンアウト防止につながる。

(6) 組織的に対応する

　解決が見えると人は動き出す。解決できないように見える問題を解決できる問題へと転化させていくためには衆知を集めることが必要となる。保護者の要求の中には，学校の対応できる範囲を超えた問題が出てくることも少なくない。学校だけでなく関係機関との連携も視野におさめながら，カウンセリング的な受容・共感の対応と現実原則に基づくリーガルマインド（法律的・指導的）による対応のバランスをとることが求められる。難しい問題には，キーパーソンを明確にし，一人で抱え込まずに役割分担して組織として対応していくことが，

バーンアウト防止の観点からも重要である。

　（注：本文中の事例の内容は，個人のプライバシー保護の観点から，修正を加えたり，複数の事例を合成して作成したものである。）

〈参考・引用文献〉
佐藤学（1994）「教師文化の構造─教育実践研究の立場から─」 稲垣忠彦・久冨善之編『日本の教師文化』東京大学出版会
田尾雅夫・久保真人（1996）『バーンアウトの理論と実際─心理学的アプローチ─』誠信書房
新井肇（1999）『教師崩壊─バーンアウト症候群克服のために─』すずさわ書店
園田雅代（2002）「教師のためのアサーション」 園田雅代，中釜洋子，沢崎俊之編著『教師のためのアサーション』金子書房
安藤博（2005）『子どもの危機にどう向き合うか』信山社
嶋崎政男（2005）『困った親への対応・こんなときどうする』ほんの森出版
保阪亨（2009）『"学校を休む"児童生徒の欠席と教員の休職』学事出版
中島一憲（2003）『先生が壊れていく─精神科医がみた教育の危機─』弘文堂
新井肇・和田田節子（2011）「教師への支援と教育相談」 春日井敏之・伊藤美奈子編『よくわかる教育相談』ミネルヴァ書房
新井肇・新　学・横江和彦（2011）「保護者の信頼感を得るためにどう関わるか」 新井肇編著『現場で役立つ生徒指導実践プログラム』学事出版
文部科学省（2011）病気休職者数等の推移（平成13年度～22年度）
文部科学省（2012）平成22年度「児童生徒の問題行動等生徒指導上の諸問題に関する調査」について
Maslach C., Jackson S.E. (1981) *The measurement of experienced burnout.* Journal of Occupational Behavior, 2, pp.99-113

コラム⑥
頻繁にクレームを寄せる保護者への対応

　長時間のクレームを何度も受け続けると，教師側も参ってしまう。以下は，そんな事態の改善に役立つ対応である。
◆時間のコントロール：学校側から定期的に連絡をとる
　連絡は週一回など日時を決めて学校側から定期的に行うようにしたい。時間が確保されると，保護者のほうも少しは不安が減るからである。
◆場所のコントロール：基本は学校に来てもらって会う
　できるだけ校内で会うようにしたほうがこじれにくい。
◆情報のコントロール：面談時にメモをとりながら話を聞く
　「私はメモをとりながら話を聞くほうが理解しやすいので」と断り，みんなから見えるように堂々と書く。最後に全員にメモのコピーを渡す。
◆面接を次回につなぐ：次回の面談の日程を決めて終了する
　結論が出ても出なくとも，次回の面談日程を決め，終わりにする。次回までに学校と保護者の双方が何をしておくかを決める。最後に，来てくれたことに感謝し，今後も子どものために協力し合うと言って終了する。

8章　保護者の学校参加の現状と関係づくり

日本大学　佐藤晴雄

1．はじめに

　学校関係者の間では，学校との関係をもつ保護者にはクレーマーが少ないといわれる。ところが，筆者らの調査[1]によると，PTA役員経験者や頻繁な学校訪問者はむしろ学校に苦情・要望等を申し出る割合が高かったのである。

　そこで，この調査データを詳細に分析していくと，学校にダメージを与えるような苦情・要望を容認する保護者は，ほとんど行かず，役員経験もないなど学校との関係性の希薄な傾向にあり，わが子との会話時間が若干長いという特徴が見られたのである。つまり，学校理解が不十分なために，学校の様子や教職員の立場が理解できず，自己中心的な考えから，学校にダメージを与える無理難題の申し出も当然だと考える傾向があることがわかった。そうなると，PTA役員経験者などの苦情・要望は学校にダメージを与えるものでなく，いわば「甘噛み」のような声だと解されるのである。

　したがって，冒頭に述べた学校関係者がとらえるクレーマーとは，学校にダメージを与える保護者のことであり，日頃から学校に意見を述べる保護者のことではないと考えられる。

　以上のような視点から，保護者の学校参加の現状を明らかにするとともに，学校と保護者の関係づくりのあり方について述べておこう。

2．保護者による学校参加

(1) なぜ「学校参加」なのか

　そもそも保護者は利害関係者であるにもかかわらず，これまで学校に何らかの意向を伝える仕組みを与えられず，まして学校運営に参画することが制度的に保障されてこなかった。民間のメーカーや販売業などでは「お客様相談室」等を設置し，顧客の苦情や要望を受け止める仕組みがあるが，学校，特に公立学校にはそうした窓口などを積極的に設ける発想さえもっていなかったのであ

る。これまでの保護者は学校に何か不満があっても泣き寝入りしたり，地方議員やPTA役員を介して意向を伝えたりしていたが，近年は直接もの申すように変わってきている。

　保護者が学校に意見や要望を申し出ること自体は否定されるべきでない。わが子が教師から不当な扱いを受けている事実があったり，学校の取組みを向上させるヒントになったりするからである。ところが，正式な窓口が用意されていなかったため，保護者の不満や苦情・要望は時をかまわず，場合によっては相手かまわず学校にぶつけられる。授業中であろうと担任を呼び出そうとしたり，執務中の校長に容赦なく不満を申し立てる。苦情・要望の申し立てが深夜に及ぶことさえある。また，日頃の不満がたまたま軽微なミスをした教師に向けられたり，小学校での不満が中学校で噴出したりするのである。そこに保護者クレームの問題がある。

　その原因や背景は様々だが，幾つかの調査や関係者によると，そうした保護者には学校との関係性が希薄なことが指摘されている。その意味で，保護者の学校参画による関係づくりが，クレーム対応・防止につながるといえよう。その根拠として以下の点が指摘できる。

①誤解の減少

　　第一に，誤解に基づく苦情・要望の防止につながるからである。保護者の問題になる言動には，学校制度に対する理解不足や教育活動に関する誤解を原因とする例がめずらしくない。安易にクラス替えを要求する例は学校制度を十分理解していない保護者に多く，また，わが子の話だけを聞いて，体罰を行ったと担任に苦情を申し出る保護者の例は，わが子からの一元的な情報収集による誤解によることがある。そうした理解不足や誤解を改めるためには，保護者が学校運営や教育活動に何らかの形で関わることが大切になる。つまり，そうした関わりの過程で学校理解が深められるからである。

　　保護者インタビューによると，「私もPTAの仕事でよく出入りして見る機会が多いので，そうすると先生がよくしてくれていることがわかるので，あまりこう，クレームみたいなことは言わなくてもいいかな」という発言例がある。つまり，保護者は教職員の姿を見ていれば，理不尽なクレームを申し出ようと思わないのである。

②当事者意識の高まり

　第二に，学校への当事者意識が高まり，攻撃的な苦情が減少する。そもそも学校を困らせる保護者は学校に過剰なサービスを求め，学校のできごとを「他人事」として認識する傾向がある。保護者は顧客意識が強いと，学校のサービスに不満な場合には，たとえ学校が困ろうと要求や苦情を繰り返すわけである。卒業アルバムの作り直し要求などはまさにその例であり，そうした要求を強く申し出る保護者は当事者意識が希薄なのである。保護者の当事者意識は，学校への関わりを通して生まれ，特に一定の意思決定に関与することによって強められる。学校支援活動への関わりは当事者意識を芽生えさせ，学校運営協議会や懇談会などにおける発言はその意識を強化していくのである。

③苦情・要望の是非基準の認識

　第三に，苦情・要望の是非の基準が把握できるようになり，無理難題の要求が起こりにくくなる。無理難題な苦情・要求を申し出る保護者には，その是非の基準をもたない者が少なくない。保護者へのインタビューによれば，「（無理難題な苦情・要望の申し出に）走りそうな人がしても，周りで止める人もいるし，相談もせずに（学校に）行ってしまう人もいるんです」という発言があるように，苦情・要望申し出の是非の基準がわからない人でも周囲の保護者との関わりを通してそれを認識するようになるが，そうした関わりを欠くとその是非の基準を認識できず，無理難題を申し出るのであろう。保護者らは学校参加を通して他の保護者との関係性を築き，また教職員と協働する中でその是非を認識するようになる。

(2) 学校参加の段階

　これまで「学校参加」を学校との何らかの「関わり」という漠然とした意味で用いてきたが，改めてその具体的な態様を段階づけながら述べておこう。

①行事参加

　「行事参加」は運動会や学習発表会などに参観者として参加する態様で，学校の関わる最初の段階に位置する。ただし，ここでいう行事とは懇談会など会合型を除いたもので，保護者が観客のような形で参観するタイプの行事を意味する。公開授業は厳密には行事ではないが，ここでは学校との関わりという意味から行事に含めておく。

②会合参加

「会合参加」は参観者として黙ってわが子を見つめる行事とは異なり，懇談会や総会等に出席者として出向き，意見表明の機会が与えられるので，行事参加よりも一段深い参加態様になる。それが負担になるためか，授業参観終了後に懇談会等が計画されていても，保護者には授業参観だけで帰宅してしまう者がめずらしくない。

③支援参加

「支援参加」の段階になるが，この場合，PTA会員として学校行事の準備に関わったり，学校支援ボランティアとして教育活動を補助したりするなど積極的に活動する参加態様になる。「支援参加」の段階では，保護者が受け身的な立場から能動的な立場に変わり，当事者意識をもつようになる。

④運営参加

「運営参加」は最も関わりが深く，かつ強い態様になる。例えば，保護者代表，学校評議員，学校運営協議会委員等として学校の方針や計画に積極的に意向を述べる態様の関わりである。場合によっては学校関係者評価にも関わることがある。

これら四つの態様は同時に「参加」の発展段階でもある。つまり，「行事参加」から始まり，最終的には「運営参加」に至るという段階を経るのである。しかし，多くの保護者は「運営参加」に至ることはない。

これら段階は，図1のようなピラミッド型に表すことができる。「行事参加」はピラミッドの最下部に位置し，多くの保護者が参加し，ピラミッドの上部に昇るに従って，幅が徐々に狭くなる。すなわち，参加層が限られていくのである。同義語として「参画」の語も多く用いられるが，これは計画に参加することを意味し，図1でいえば，上層部（おおむね「支援参加」と「運営参加」）に向かうにつれてその程度（いわば「参画度」）が強まる。

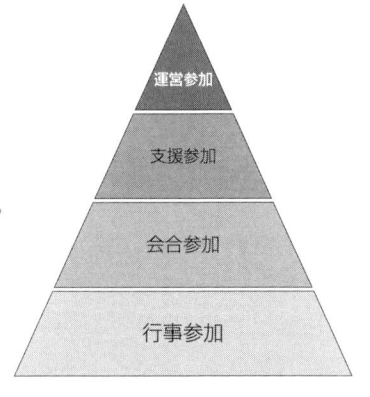

図1　学校参加の4段階

しかし，「支援参加」より上部に位置する「運営参加」の段階では，参加層が専業主婦や自営業者など時間的余裕がある人に限定されやすく，特に，「運

営参加」段階ではそうした人材の属性だけでなく，その属性の中でも参加可能な人員が制約されてくるという問題がある。この点については4節で後述することにしよう。

3．保護者の学校参加とクレームの関係

それでは，保護者の学校との関係性から，クレームに対する保護者自身の意識について，筆者らが実施した意識調査の結果に基づいて明らかにしておこう。

(1) 保護者の5人に1人が苦情・要望

筆者らは，平成21年に保護者を対象に学校に対する意識調査[1]を実施した。

その結果，学校に対して苦情・要望を申し出たことのある保護者は21.6％で，校種別にみると，小学校25.0％，中学校17.6％となり，小学校で多い傾向にある（図2）。その内容を見ると，図3に記したように，「先生の指導全般」23.0％が断然多く，次いで「保護者への対応」10.5％，「授業の進め方」10.5％，「学校の教育方針」10.1％が続く。ただし，中学校の場合，「生徒指導」が14.2％と第二位になる（小学校0.5％）。「わが子の成績」に関しては意外にも0.6％と最下位になった。

「先生の指導全般」に回答が集中したのは，特定のことに不満や支障

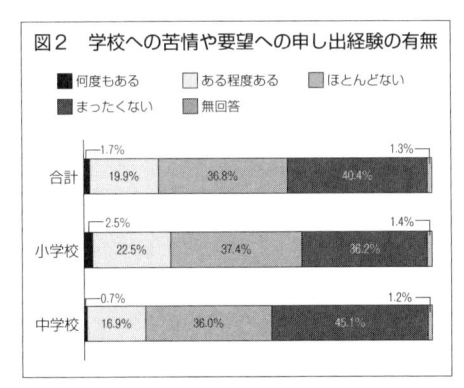

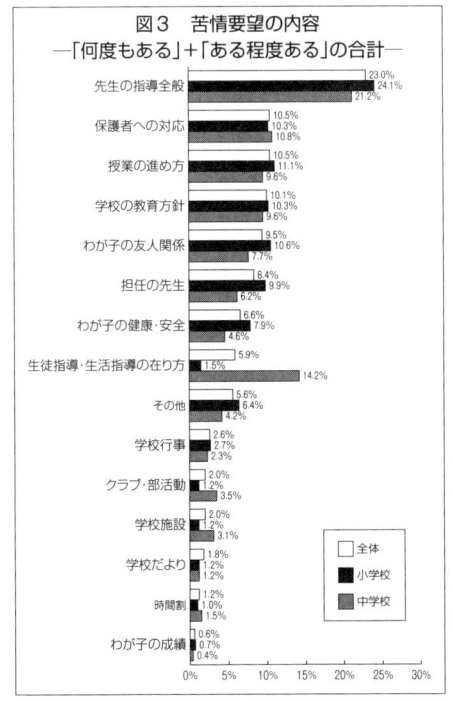

8章　保護者の学校参加の現状と関係づくり

があるというよりも，先生の人柄や属性（性別・年齢等），言動，指導法など多岐にわたって不本意だからだと解せられる。また，「保護者への対応」も比較的上位にあがったのは，教員が保護者など成人に対する対応に不慣れなことが原因しているであろうから，教員の初期対応のまずさを表すものといえよう。ただし，「わが子の成績」が最下位なのは，たとえ「不本意」でも，その原因をわが子にではなく，「授業の進め方」に向けられるからであろう。

(2) 問題な保護者の特性

まず，苦情・要望の経験をもつ保護者には，若い層よりも40歳代に多い。調査データを示すと，経験のある保護者の割合は，20～30歳代の17.9％に対して40歳代は23.4％に増加している。ちなみに，50歳代も多く，21.2％になる。なお，わが子の数については全く関係していなかった。

また，苦情・要望経験者は，PTA役員などの経験を有する保護者に多く，「役員経験はない」18.0％に対して，「現在役員である」25.6％，「過去に役員であった」24.3％となっている。その他，そうした保護者は，学校訪問頻度も高く，学校行事等にもよく参加している傾向がみられた。

以上から，学校との関係性の強い保護者には苦情・要望を申し出た経験をもつ者が多いことになる。つまり，日頃から学校に赴き，教職員と接する機会に，苦情・要望を随時伝えているのである。その意味で，学校が保護者や地域に開かれた存在になると，クレームが多くなるといえそうである。

ところが，学校に大きなダメージを与える苦情・要望，すなわち無理難題なクレームに対して容認する考えを示した保護者には，むしろ学校との関係性が希薄な者が多い傾向が見られたのである。

4．保護者問題の質的実態

(1) 保護者問題の4タイプ

保護者の問題となる言動は様々な視点から分類されているが，筆者らが実施した調査では，図4に示したように，実現性と正当性という二つの軸をクロスさせた4タイプに分類してみた。

	実現性（高）	
正当性（高）	【学校依存型】 親の言うことを聞かないわが子への指導 14.8％	【正当型】 わが子を攻撃する子どもへの指導 94.1％
	【イチャモン型】 仲のよくない子と同じなのでクラス替え 9.9％	【わが子中心型】 わが子の写真がない卒業アルバムの作り直し 21.6％	正当性（低）
	実現性（低）	

※各象限中の数値は，「当然」＋「ある程度当然」の回答値を示している。

図4　当否意識からみた保護者問題のタイプ

まず,「正当型」は,わが子が学校で攻撃されているという明らかな被害があるという意味で正当であり,その改善のための指導は学校で十分行うことができるという意味で実現性は高い。「学校依存型」は,親の言うことに従わせるのは本来,家庭の役割であるという意味で正当性に欠けるが,学校で指導しようと思えば可能であるから実現性は高い。「イチャモン」(無理難題)は,そもそも「仲がよくない」程度の理由でクラス替えを求めるのは正当ではなく,また実際にそうした要求によるクラス替えは難しい。「わが子中心型」は,確かにわが子の写真がないのは学校にも責任があることからその改善を求めるのは正当だといえるが,学校予算など現実的な条件の中では作り直しが困難であるという意味で実現性が低い。

(2) 学校に厳しい保護者の特性

　これらのタイプに対して,当然か否かを問うてみた。図4中の各象限の下に記載してある数値%は,「当然だと思う」と「ある程度は当然だと思う」の合計値を示しているが,これを見ると,「正当型」が群を抜いて数値が高くなっている。この正当型を除外した残り3タイプを用いて,これらの当否意識から学校訪問頻度や学校行事参加率などをクロス分析によって探り,学校との関係性を明らかにしてみた(表1には「正当型」〈攻撃する子への指導要求〉を記してある)。

　その結果,まず,「クラス替え」および「卒業アルバム」という学校に厳しい苦情・要望に対しては,学校との関係性が希薄で,かつ苦情・要望経験がある保護者が容認する傾向にあることがわかった。表1は,苦情・要望経験のある保護者にしぼったデータだが,「クラス替え」や「卒業アルバム作り直し」など学校にダメージを与える苦情・要望に対して,「学校にあまり行かない」の場合,「当然」が「望ましくない」を明らかに上回る数値を示している。

表1　保護者の学校訪問頻度と苦情・要望に対する認識[2]
―苦言・要望経験がある保護者のみ解答―

	クラス替え要求		言うこと聞かない わが子の指導要求		卒業アルバム 作り直し要求		攻撃する子への 指導要求		全 体 (合計ではない)
	当然	望ましくない	当然	望ましくない	当然	望ましくない	当然	望ましくない	
学校にあまり行かない	48人	167人	39人	174人	64人	149人	211人	3人	1,178人
	70.1%	54.4%	54.2%	57.8%	64.0%	55.0%	57.3%	50.0%	67.2%
学校によく行く	20	140	33	127	36	122	157	3	566
	29.4%	45.6%	45.8%	42.2%	36.0%	45.0%	42.7%	50.0%	32.3%
合　計	68	307	72	301	100	271	368	6	1,752
	100%	100%	100%	100%	100%	100%	100%	100%	100%

そうした保護者は，学校行事には参加する傾向にあり（ただし，学校訪問頻度は低い），かつわが子との会話時間が長い。つまり，行事参加という学校との一時的ないしは偶発的な関わりや，わが子との会話から得た断片的な情報で学校を誤解し，あるいは苦情・要望の是非の基準を明確にもてていないことが推測され，これら誤解や是非基準のなさによってクレームに至る可能性がある。すなわち，彼らは学校とのコミュニケーション・チャンネルが量的質的に限られているため，誤解や無理解に起因するクレームを申し立てるのであろう。

以上のデータからは，まず，学校との関係性を強くもつ保護者，例えばPTA役員経験者や学校訪問頻度の高い保護者らは苦情・要望を学校に寄せるが，学校にダメージを与えるような苦情・要望には否定的（＝常識的）な考え方をもっている。また，苦情・要望経験のある保護者のうち学校との関係性が希薄な保護者は，学校にダメージを与えるような苦情・要望を容認する傾向が見られた。したがって，学校との関係性の強い保護者は苦情・要望を申し出るが，学校にダメージを与える意図がなく，いわば「甘噛み」的な申し出にとどめるのであろう。彼らはむしろ有益な意見を寄せる可能性がある。その意味で，保護者との関係性を強めることが保護者問題解決の鍵になるといえる。

5．しつけをめぐる保護者と教師の意識
—家庭のしつけと学校の生活指導に対する認識比較—

一方，筆者らは先述の調査とは別に，平成19年に全国の小中学生の保護者を対象に家庭教育に関する意識調査[3]を実施している。その結果の一部を示しているのが図5である。

(1) 家庭で行うべきしつけ

まず，図中の折れ線は，「家庭で行うべき」と回答した保護者の割合を示し，縦棒左が「家庭で行っている」と回答した保護者の割合を表している。この二つのデータを比較すると，興味深いことに，保護者の役割意識（折れ線）と保護者の実行度（縦棒左）はほぼ一致するのである。例えば，「早寝・早起きのしつけ」は，保護者の「家庭で行うべき」の回答と「家庭で行っている」の回答はともに100％近く，「差別をしないなど公正な態度」は数値こそ低いが，それらの数値はともに50％弱とほぼ一致している。つまり，保護者は行うべき「しつけ」は家庭できちんと行っていると認識しているのである。

ところが，教員の回答を見ると，事情が異なる。図中の縦棒右のデータに示されたように，「家庭で行っている」という教員の回答は保護者の回答（左）に比べて全体的に低くなっている。特に，「我慢する態度（を育てる）」，「あいさつの仕方」，「善悪のけじめ（を身につけさせる）」，「人間と

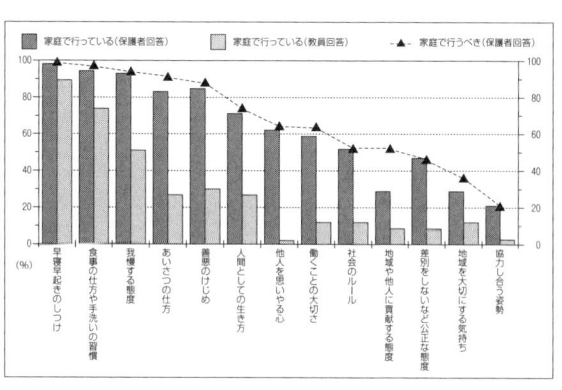

図5　家庭で行うべき「しつけ」の実態認識
出所：研究代表者：佐藤晴雄『家庭教育に関する意識調査』財団法人日本教材文化研究財団，平成21年

しての生き方（を育てる）」，「他人を思いやる（心を育てる）」などは家庭で行っているとする保護者の回答を大きく下回る。基本的生活習慣だけでなく，道徳性に関しても，「家庭で行っている」という点については認識のズレが見られる。例えば，「我慢する態度（を育てる）」の場合，「家庭で行っている」の保護者回答が90％台であるのに対して，その教員回答は約50％と低い。これら「しつけ」を保護者は行っているつもりだが，教員から見れば家庭でしっかり行われると認識されていないのである。

(2) 学校で行うべき「しつけ」（生徒指導）

一方，「学校で行うべきしつけ」に関しては，図6に示してある。図中の折れ線は，「学校で行うべき」と回答した教員の割合であるが，縦棒左の保護者の「学校で行っている」という回答とほぼ一致していることがわかる。例えば，「協力し合う姿勢」は，教員80％

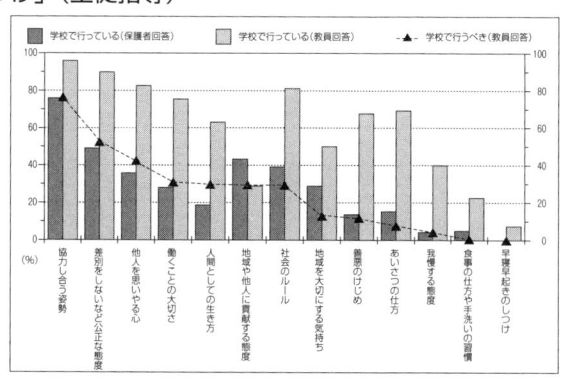

図6　学校で行うべき「しつけ」の実態認識
出所：研究代表者：佐藤晴雄『家庭教育に関する意識調査』財団法人日本教材文化研究財団，平成21年

弱で，保護者も80％弱となっている。つまり，保護者は，教員が役割だと自認しているている程度のしつけ（生徒指導）が学校で行われていると見ているのである。

しかし，縦棒右にある「学校で行っている」という教員自身の回答を見ると，保護者の回答だけでなく，教員自身の「学校で行うべき」の回答を大きく上回っているのである。このことは二つのことを意味している。一つは，教員は保護者が考えている以上に多くのしつけ（生徒指導）を行っているととらえていることである。校内でのしつけ指導は保護者からは見えないからなのであろうか。

もう一つの意味とは，教員が自らの役割認識以上にしつけ（生徒指導）を行っていると考えていることである。しつけを欠いた児童生徒を目の当たりにして，どうしてもしつけなければならないからであろうか。あるいは，教員は自らの指導を過剰に認識しているからかも知れない。

(3) 保護者に見られる「つもり」のしつけ

ともあれ，以上のデータからは次のようなことがいえる。

第一に，しつけをめぐる保護者と教師の役割分担意識はほぼ同じである。基本的生活習慣は家庭で身につけさせ，社会性などの社会的行動に関するしつけは学校で指導すべきだとする役割分担意識はほぼ一致していた。

第二に，保護者の役割意識と実行度はほぼ一致する。例えば，「早寝・早起きのしつけ」は，保護者の「家庭で行うべき」の回答と「家庭で行っている」の回答はともに100％近い。つまり，保護者は行うべき「しつけ」は家庭できちんと行っていると認識しているのである。

第三に，教員の「家庭で行っている」と回答した数値は保護者の回答よりも全体的に低い。特に，「我慢する態度」，「あいさつの仕方」など基本的しつけは家庭で行っていると保護者が思うほど，教師は家庭でしつけていると考えていないわけである。

第四に，教員は自らの役割以上に児童生徒をしつけていると認識しているが，保護者からはそれほど教員がしつけているとは考えていない。

要するに，以上のデータからいえることは，教師と保護者にはしつけをめぐる認識にズレがあり，その認識のズレが今日の保護者問題の一因になり得ることである。そのズレは保護者の学校との関係性のあり方に左右されるのであろう。学校参加に積極的な保護者は学校の実情やわが子の姿を直接把握すること

ができる環境にあるが、そうでない保護者は憶測や伝聞でしか学校の様子を把握できないことから実態認識を誤りやすいわけである。一方、教師も接触機会の少ない保護者に対する実態把握が困難で、家庭の様子を見誤る可能性がある。

6. 学校参加をめぐる課題 —提言として—

以上で取り上げた二つの調査データからは、①学校参加が少ない保護者ほど学校に厳しい苦情・要望を容認する傾向があること、②教師と保護者には、しつけをめぐる現状認識に大きなズレが存在することが明らかになった。

そこで、保護者の学校参加を促すことが理不尽なクレームの解消に効果的な取組みになるわけである。保護者の学校参加によって、その学校への誤解を解き、クレームの是非の基準を理解してもらい、当事者意識を高めるとともに、教師との認識のズレを縮小することが期待されるからである。

しかしながら、前述したように、学校参加の段階が上位にのぼるにつれて、参加者が限られてくるという問題が残されている。それでは、この問題解決のためにどのような取組みを行うことが望まれるのか。最後に、そのための具体的な実践課題を提言的に述べておくことにする。

(1) ゆるやかな参加機会の工夫

参加と不参加の境目をファジーにし、誰もが、どのような形でも、気軽に参加できるような機会を設けるのである。そのためには、次のような取組みが効果的である。

①楽しめる行事等を工夫する

　行事や会合などの参加者の拡大と定着化を図るためには、「楽しい・役立つ・甲斐がある」という三原則を採り入れることが大切である。例えば、家庭教育学級などでは「教育」をまともに取り上げた討議や講話が実施されるが、これでは参加者が限られてしまう。そこで、料理教室や親子レクリエーションなど、「啓発」というねらいを前面に出さない行事等を実施するのが有効である。とにかく学校に来てもらうよう工夫するのである。

②保護者全員にボランティアに登録してもらう

　しばしば学校支援ボランティアなどの学校支援者と未支援者との間に確執が生まれることがある。学校支援者は未支援者に対して学校に協力的でないという気持ちをもち、一方、未支援者は支援者を時間の余裕のある物好きの

ような感情を抱きやすいのである。そこで，学校支援ボランティア登録などを行うときには，保護者全員を登録者に位置づけるなどの工夫を採り入れたい。そうすれば，時間的余裕のない保護者等でも，年に1～2回程度なら学校に関われる（支援参加）者が現れてくる。
③学校外でも参加できる機会をつくる
　来校による参加形態にこだわらず，自転車によるパトロール，安全パトロールの自由化など学校外で学校に関する諸活動に参加できる機会を設けるよう工夫したい。ある小学校では，安全パトロールの時間帯と担当区域を設定せず，時間のあるときに，自由にパトロールできるよう改めた。犬の散歩や買い物ついでにパトロールができるので，参加層が広がっただけでなく，不審者がパトロールの行動パターンを把握しにくいので防犯上の効果も期待できるという。
(2) 広報と広聴の推進
　保護者の中にはどうしても活動できず，学校に直接参加できない者もいるので，そうした保護者に間接的な参加を促すことも大切である。p.104で取り上げた「図1　学校参加の4段階」の「行事参加」の下部に位置づく保護者層に対する働きかけにもなるもので，学校は，情報提供による広報活動や不参加層を含めた広い層の保護者から意向を聴取する広聴活動を推進するのである。
①学校による情報提供の工夫
　学校の情報提供媒体として，学校だよりやホームページ等が一般的だが，これらによって提供された情報を把握することも間接的ではあるが学校参加の一歩になる。情報提供に関するユニークな取組みとして，ある学校では，学校要覧に教職員全員の顔写真入り紹介ページを設けている。また，別の学校では，校門付近に掲示板を設置し，そこに日々の児童の活動の様子を写した写真等を掲示し，学校生活の様子を時間に関係なく保護者や地域に伝えようとしている。これらを見た保護者は学校理解を深めることになる。要は，情報量を増やし，情報提供頻度を高めながら，情報媒体の多元化を図るなどの工夫が大切になる。
②不参加層や行事参加層等の意向のくみ取りを工夫
　学校評議員や学校運営協議会，PTA役員会等による「運営参加」に全ての保護者が直接関わるのは無理だが，「行事参加」などで保護者・住民の意

向とのつながりをもたせ，同時に下層段階の参加者を増やす努力が必要になる。例えば，学校目安箱の設置や教育相談日の固定化などのほかに，学校との関わりが少ない保護者等を「たより」紙面で紹介するなどを試みてもよい。

(3) 不参加層等の人材活用の促進

不参加層や行事参加層などは，単に参加案内を提示しただけではなかなか参加してもらえないが，相手を特定して学校支援等を依頼すると，案外承諾を得られることがある。ある中学校の例だが，校門付近に住む理容店経営の保護者から毎日のように苦情が寄せられたが，その保護者にキャリア教育の授業で職業人講話を依頼したところ，以後，苦情がなくなったという。講話経験によって当事者意識が芽生えたようである。他の例でも，クレーマーだった保護者に学校支援ボランティアを依頼してからは，その保護者は厳しい苦情を申し出なくなったという。

保護者全体に対する呼びかけよりも，個人的に支援等を依頼するほうが参加の可能性が高いのである。そうした依頼は，特に参加機会の少ない保護者やクレーム層の保護者等の場合に効果的である。

さて，学校が地域・家庭との連携が深まれば深まるほど，学校参加層と未参加層との間の溝が深まることもある。そうならないために，以上のような創意工夫が欠かせない。

〈註〉
1) 研究代表者：佐藤晴雄（2012）『保護者の学校意識に関する調査研究（科学研究費補助金研究成果報告書）』日本大学文理学部教育学科佐藤晴雄研究室（平成21年12月～22年1月実施，対象：小学生の保護者925人，中学生の保護者827人）
2) 佐藤晴雄編（2012）『保護者対応で困ったときに開く本』教育開発研究所，p.24
3) 研究代表者：佐藤晴雄（2009）『家庭教育に関する意識調査』財団法人日本教材文化研究財団，（平成19年3月実施，対象：小3・5年，中2年の子をもつ保護者1,754人）

9章　保護者とよい関係をつくる

大阪府立桜塚高等学校　仲尾久美

1．保護者—その実態とは

(1)　保護者は恐い？

　「威圧的行為・暴言・暴力お断り」…こんな貼り紙を病院で見かけることが，最近はめずらしくない。「モンスターペアレント」という造語も，ブームのようにTVや雑誌をにぎわせた時代は過ぎ去り，今では誰もが知っている普通の単語となってしまった。一昔前まで病院や学校にはよくも悪くも絶大な権威があったので，「お医者さんや学校の先生に意見や要望を言うなんてとんでもない」という感覚が一般的であったようだが，今はもうそんな時代ではない。

　私自身，職業が教員だとわかると，「最近の親は大変でしょう」と気の毒そうに言われることが多くなった。もちろん，「いいえ，そんなことないですよ」と否定するのだが，相手はそれをあまり信じていない様子だ。

　私は年に2コマ，大学で「生徒指導・進路指導論」という教職科目を担当しているが，最近はその授業の中で，《保護者対応》について取り上げるようになった。導入の理由は「生徒指導や進路指導は保護者抜きでは考えられないものだから」だが，そのこと以上に，「教員を目指す学生たちの過剰ともいえる不安感を，実際に教職に就くまでに何とかして減らしておきたい」という思いが大いにある。

　というのも，学生たちに，「教員になるにあたって，いちばん心配なことは何ですか？」と質問すると，以前ならば「授業がちゃんとできるかどうか」とか「やんちゃな生徒をどう指導するか」というような答えが多かったのだが，最近では，「保護者とどう接すればいいか」，「クレーマー保護者がいたらどうするか」などと答える学生が目立つ。教員は，児童・生徒と関わるのがメインの仕事のはずなのに…である。

　さらに学生たちに，「《保護者》と聞いて，どんなことを連想しますか？　どんな印象をもっていますか？」と尋ねてみると，「すぐに文句を言う」「恐い」

「厄介」「理不尽」などという答えが圧倒的に多い。塾のバイトで保護者懇談まで経験しているような学生も一部にはいるが、ほとんどの学生は、子どもを教える立場として保護者と接する機会が今までなかったにもかかわらず、恐怖感や嫌悪感を強く感じているようだ。しかし、視点を変えて、「《保護者》といえば、あなたたちのお父さんやお母さんのことでしょう。例えば出身校の先生から見て、あなたのお父さんやお母さんは恐い存在、厄介な存在だったと思いますか？」と聞いてみると、ほぼ全員が、「いや、うちの親は大丈夫です」と答えるではないか。

　もちろん、全国的に見れば、学校に理不尽な無理難題をもち込む保護者は相当数存在するし、毎日長時間電話をかけてくるとか、暴力をふるう、金銭を要求するなどの異常な言動、犯罪行為なども少なからずある。保護者との関わりに疲れ果てている教職員はかなりの数にのぼる。それでもやはり、《保護者＝恐い・クレーマー・理不尽》などという意識が、実態よりもさらに色濃く多くの人々に刷り込まれている状況があると感じる。そして、そのこと自体が、保護者と学校の関係づくりに大きな陰を落としていると言わざるを得ない。

　「モンスターペアレントだ！」などとレッテル貼りをして関係を切ってしまうことは簡単だ。しかし、そこからは何も生まれてこない。もっと冷静に真実を見つめ、地道に関係をつくっていくことこそが必要なのだ。

(2)　私の失敗

　長い教員生活の中で、これまでにたくさんの保護者と出会ってきた。「自分なりによい関わりができた」と思える経験がある一方で、苦い思い出もたくさんある。特に教員経験が浅かった頃の私は、日々の生徒たちとの関わりに全力投球で、保護者とともに歩むという視点を全くもち合わせていなかった。その頃に出会った保護者に対しては、「どうして、あんなふうにしか考えられなかったのだろう」とか、「あのとき、ああすればよかった」と後悔することが、本当にたくさんある。

　まだ教員として駆け出しの頃、高校1年生の担任だった私は、ある生徒のことがずっと気になっていた。遅刻は多いし、授業態度は悪いし、テスト勉強など全くしている様子もなく、当然のことながら成績は散々。とても気のいい子ではあったが、教員から注意を受けると反抗的になることも多く、担任としてクラスでいちばん心配な生徒だった。早い段階から進級が危ぶまれていたため、

本人との面談や保護者への電話連絡，保護者懇談などをしっかりと行い，優しく諭したり，厳しく注意したりしながら，最後まで励まし続けたつもりであった。しかし，残念ながら進級はできなかった。原級留置の決定は進級判定会議で行われたが，結果は担任から通知することになっていたので，会議終了後すぐに本人と保護者に電話をかけた。本人も保護者も，「やっぱり…」という反応であったが，私の中には，「こうならないように，あれほど言い続けたのに…」という悔しい思いが残った。

　結局その生徒は退学して働く道を選んだので，電話から10日ほどたってから親子揃って退学手続きのために学校を訪れた。その時，私は保護者からこんなことを言われたのだ。

　「先生，以前この子に『あなたは留年する』っておっしゃったでしょう。そう言われてから，この子はすっかりやる気をなくしてしまったんですよ！」

　保護者から感情的な言葉を投げつけられたことに驚きつつ，過去のことを思い起こしてみると，確かに私はその生徒に「留年するよ」と言ったことがあった。ただしそれは，「今の状況が改善されなければ，確実に留年してしまう。だからそうならないように，がんばらないといけないよ」という文脈で使った言葉だったのだ。

　私には「担任として，自分にできることはやった」という思いがあった。だから，「言ったことの一部を切り取って批判するなんて理不尽だ」「子どもが自分に都合のいいように報告したことを鵜呑みにされても困る」「子どもが進級できなかったことを，私のせいにするなんてとんでもない」…そんな気持ちがグルグルと回った。一生懸命関わってきた生徒だっただけに，本当に腹立たしく，やりきれない気持ちでいっぱいになった。このことは，納得できないできごととして，それからもずいぶん長い間，私の心の中にとげのように刺さったままだった。

　しかし，あれから何年もたち，私自身も成長した。今では，あのときの保護者を理不尽だとは思わない。それどころか，後悔の気持ちでいっぱいだ。今ならきっと，担任としてもっと保護者に寄り添うことができるだろう。やり直せるなら，もう一度あの頃に戻って担任をさせてほしいとすら思っている。

2．保護者とよい関係をつくるには

(1) 《裏技》を身につけよう

　前節で「私自身も成長した」と書いたが，正確に言うと，「私は幾つかの《裏技》を身につけ，それによって保護者との関わりをとてもスムーズに行えるようになった」のだ。

　保護者との関わりは，基本的には近所の人や同僚や友人とのつき合いと同じだから，特別なテクニックなどは必要ない。だからここでいう《裏技》とは，「こんなふうに考えると，うまくいく」とか，「ここを意識すると，楽になる」というヒントやポイントのことだ。自分なりの《裏技》を幾つかもっていると，気持ちに余裕が生まれ，保護者とよい関係をつくりやすくなる。

　自分なりの《裏技》といっても，もちろんオリジナルでなくてかまわない。他の人の使っている《裏技》が気に入れば，どんどん借用すればいいのだ。私が愛用している《裏技》はいつでも誰でも実践できるたいへん簡単なものばかりなので，よければ試してみてほしい。

(2) 裏技その①：想像の術

　保護者が今までどのような思いで子どもを育ててきたのか，日々の暮らしをどのように送っているのか，保護者にとって学校や担任はどのような存在なのか…保護者本人でなければわからないことは，想像するしかない。それもただの想像ではなく，保護者の体に乗り移ったつもりで，保護者から見える世界を想像するのだ。目を閉じて，映像や音や感触なども含めてリアルに想像しようとするのがポイントだ。

　例えば，前ページで紹介した保護者の場合なら，このような感じで《想像の術》を使ってみる。

> 　結婚後しばらく子どもができなかったから，妊娠がわかったときは飛び上がるほどうれしかった。／妊娠中はつわりがひどかったし，生まれてからも夜泣きで起こされるのがつらかったけれども，子どもがかわいくてかわいくて仕方がなかった。／でも，子どもが幼い間は私が働けなくて，経済的にはかなり苦しかった。／小さい頃は病気がちな子で，しょっちゅう病院に連れて行って本当に心配だった／小学校にあがる頃から病気の心配はなくなったけれども，どんどんやんちゃになってきて，私の言うことはあまり聞かなくなってきた。／夫からは「子どものことはお前がきちんとしろ」と言われていたが，周りに相談できる人もおらず，どうすればいいのかわからなくて孤独だった。／

> 子どもは次第に，物を壊したり，他の子に暴力をふるったりすることが多くなってきて，学校からの呼び出しや，けがをさせた子の家に謝りに行くことが増えた。／家に電話がかかってきても，「また，あの子が何かしでかしたのかも…」と思うと出るのが恐かった。／夫の母から，「あなたが甘いからだめなのよ」と言われるのが，何よりもつらかった。／小5の時の担任は厳しい男の先生で，子どもも悪さをしなくなったが，6年生になって若くて優しい女の先生になった途端，前よりひどくなって，がっかりした。／子どもが中学生になると，勉強が遅れているとか，授業を受けずにさぼっているとか，学校でたばこを吸ったとか，学校からの連絡は，いつもよくないことばかりでうんざりした。／子どもは体も大きくなり，何か注意すると，どなり散らしたり壁を蹴ったりするので，いつ暴力をふるわれるかと思うと恐ろしくて何も言えない。／中3になると，それまで一緒に遊んでいた友達も勉強しだしたのに，うちの子はいつまでたっても受検モードにならず，とうとう担任から，「行ける高校がない」と言われてしまった。／「ダメ元で」と本人が決めてきた高校を受検したが，倍率が低かったこともあり，無事に合格できて本当にほっとした。／「中学生のときにはやんちゃばかりしていたけれど，高校ではしっかりやってほしい」と祈るような気持ちで入学式を迎えたが，担任が若い女の先生だとわかり，ちょっと心配になった。／期待とは裏腹に，入学後1か月ほどすると，「遅刻が多い，授業態度が悪い，このままでは進級できない」という担任からの電話が頻繁にあって，がっかりだった。／夏頃から介護のために親のところへ通うようになり，子どものことにかまっていられなくなった。／いろんなことがうまくいかない。誰かに相談したい，愚痴を聞いてほしかった。／年度末が近づいてきて，子どもが進級できなかったらどうしようなどと考えて，眠れなくなる。／とうとう「進級できない」と宣告され，これからどうすればよいのか途方に暮れているが，夫は相変わらず，相談にも乗ってくれない。

　もちろん，これらは全て単なる想像，空想だから，実態に近いものもあれば，全く的外れのものもあるだろう。当の保護者が聞いたら，「あることないこと勝手に想像して，失礼な！」と怒られることは必至だ。だが，保護者の思いや置かれている状況をあれこれ想像することで，私は余裕をもって優しい気持ちで接することができるようになった。想像が当たっているか外れているかは，重要なことではない。それまでなら，「こちらがこんなに一生懸命にやっているのに…」とか，「保護者なら，これくらいはやってくれないと…」などと不満に感じていたことでも，「お母さんもたいへんだなぁ」「忙しい中，わざわざ学校に来てくれて，やっぱり子どもが大切なんだなぁ」「悪い情報ばかりでなく，学校で活躍している様子も伝えてあげたいな」などと思えるようになったのだ。

　この例のケースなら，早い段階から中学時代の様子を聞いたり，保護者の思

いに耳を傾けたりすればよかったと思う。体育祭や文化祭での活躍を，たくさんの写真を見せながら詳しく説明してあげたら，お母さんも私も，きっと一緒に笑顔になれただろう。生徒のためにと思って不十分な点を逐一報告していたことも，逆に保護者を追いつめていたように思う。悪い報告は3回に1回くらいにして，ふだんの様子やよかったことなどをあわせて報告すべきであった。「やんちゃな子も，みんな社会に出れば落ち着いていきます。今はなかなか言うことを聞いてくれないですが，あと5年か10年もすれば，お母さんを助けてくれる立派な青年になっていますよ」などと，将来に展望が見えるような話もしてあげたかった。当時の私は，保護者が困っていることに気づかず，追い打ちをかけるようにして，さらに困らせていただけかもしれない。

　この《想像の術》は様々な場面で使える。例えば，「うちのクラスのお母さんたちは，パートなどで働いている人が多い。シフトが決まった後で変更するのはきっと大変だろう。だから，翌月のシフトが決まる前に，懇談の案内を配布しておこう」「子どもが高校生になると，学校の様子がわかりにくくなるはずだ。だから，学校からの"お知らせメール"を配信するシステムを作ろう。そうすれば，『もうすぐ試験だね』とか，『昨日の講演会，どうだった？』などと，子どもとの会話もはずむだろう」という具合だ。

(3)　裏技その②：よいとこ探しの術

　「子どもがテストを持って帰ったとき，『どうしてこんなミスしたの！　いつもちゃんと見直しなさいって言ってるでしょう！』と叱るのではなく，『へぇ～，ここもできてるし，こんな難しい問題も途中まで解けたんだね。よくがんばったね！』と言うほうがよい」などと書いてある保護者向けの教育本をよく見かける。わざわざ本に書かないといけないほど，人は《できているところ》よりも《できていないところ》に注目する習性があるのだろう。

　われわれ教員は，児童・生徒を指導するという仕事の特性から，もしかしたら一般の人よりもそういった傾向が強いかもしれない。だからこそ，《よいとこ探しの術》は意識して訓練する必要がある。学校をさぼりがちな生徒が登校したとき，以前の私なら，「学校に毎日来るのは当たり前だよ。明日からもちゃんと来ること！」と言ってしまうところだが，訓練の結果，今では「おー，よく来たねぇ！」「ちゃんと来て，えらいやん！」などと心の底から言えるようになった。

9章　保護者とよい関係をつくる　　117

この《よいとこ探しの術》は，もちろん保護者に対しても同じように使える。特に，(2)の《想像の術》と組み合わせて使うのがお勧めだ。
　例えば，保護者懇談の日時を決めようと，携帯電話や自宅の電話にここ１週間ほど何度もかけているが，全く出てくれないうえに，留守番電話にメッセージを残しても何の応答もないという保護者がいたとする。
　「どうしたのかな。着信やメッセージに気づいていないのかな。仕事が忙しくてかけられないのかな。具合が悪いのかも。もしかしたら旅行中かな。それとも，学校からはよくない内容の電話が多いから，出るのが嫌なのかな。そもそも，懇談にはよい思い出がなくて，このままやり過ごしたいと思っているのかな。電話がだめなら家庭訪問してみようかな。でも，いきなりおうちに行くと，強引な感じがするかな。…」
　そして２，３日後に子どもがぽつんと一言。「先生，お母さん，懇談行けないって」
　「あぁ，やっぱり伝言聞いてくれていたんだ。『先生に返事しなくっちゃ』と，気にしていてくれたんだなぁ。もしかしたら，『行けない』んじゃなくて，『行きたくない』のかもしれないな。きっと，今まで懇談でよい話なんてなかっただろうから，無理もないなぁ。今回は○○ちゃんのよいところをいっぱい伝えてあげたいな。まずは，『懇談の件，ご連絡ありがとうございました』と手紙書いてみよう。…」
　《想像の術》や《よいとこ探しの術》を使わなければ，「何回もかけているのに無視するなんて，ひどい。こっちだって忙しいのに…。そのうえ，『懇談に行けない』ってどういうこと？　ちゃんと返事もせずに一方的に拒否するなんて，あり得ない！」となってしまうところだ。これでは，単にストレスがたまってしまうだけだ。
　《よいとこ探しの術》を使ってよいところを見つけたら，できるだけその場で本人に直接伝えるのがお勧めだ。例えば，(担任)「この間，学校でちょっとした友達とのトラブルがあったんです」(保護者)「あぁ，○○君とのことですよね」(担任)「もうお聞きになっていましたか。…(略)」(保護者)「…(略)…本人にも，『今回は，今までよりも少しは冷静に行動できたね』って言ったんです」(担任)「そうですか。普通だったら，頭ごなしに怒ってしまうところですが，お子さんの成長をしっかり評価してあげて，お父さん，とても

いい対応されましたね。私も勉強になりました」（保護者）「いえいえ，ふだんは怒ってばかりですよ」（担任）「それにしても，今回の件もすでにお子さんから聞いていらっしゃって，親子の会話がきちんとなされているんだなぁと感心しました。あれくらいの年齢の子どもの中には，親には学校であったことなど何も言わないという子どもも多いですから。何か工夫されているのですか？」（保護者）「うちも会話は十分ではありませんよ。私は帰りが遅いので，ふだんは妻に任せきりです。たまに早く帰ったときには，なるべく話しかけるようにしていますが。私も子どもも野球が好きなので，その話題から入るようにしています」（担任）「なるほど，一度学級懇談会で，極意を披露していただきたいくらいですよ。お子さんにとっても，お父さんに言いやすいことと，お母さんに言いやすいことがあると思いますので，ぜひこれからも○○君のお話を聞いてあげてくださいね」…と，こんな感じだ。

　ただ，一つだけ注意点がある。相手をほめることが目的ではないので，思ってもいないことを無理矢理ほめるのはやめよう。本当に「よいな」と思ったことをすかさず口に出すだけでいいのだ。

(4) **裏技その③：応援団結成の術**

　三つ目の《応援団結成の術》は，私にとっていちばん大事な裏技だ。

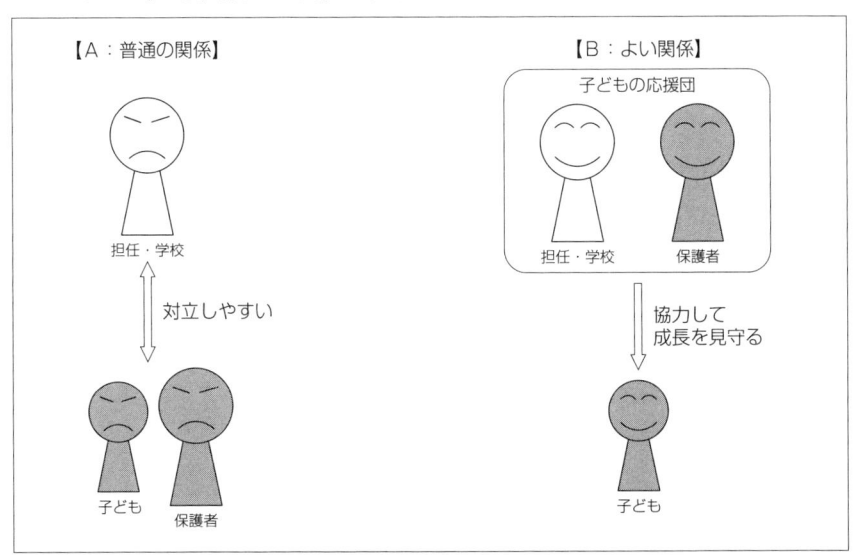

図1　保護者の立ち位置と子どもへの影響

9章　保護者とよい関係をつくる　　119

この章のメインテーマは《保護者とよい関係をつくる》であるが,《保護者とのよい関係》とは,具体的にどのような関係のことをいうのだろうか。《よい関係》のイメージは人それぞれに違うだろうが,私は,《立ち位置》が最も重要なポイントだと考えている。そのキーワードが《子どもの応援団》なのだ。

　図1のとおり,Aの立ち位置では,学校と保護者の間には「○○をしてほしい」「○○なら,○○するのが当たり前」「こちらは一生懸命やっているのに」というような対立の感情がわきやすい。うまくいかない原因を相手側に求めたり,他の担任や保護者と比べて優劣をつけたくなることもある。この微妙な関係を利用して,子どもが自分に都合のよいことだけを保護者に伝えたために,保護者と学校との関係がこじれることや,両者の対立が子どもを不安にさせることも多々ある。

　一方,Bの立ち位置では,学校と保護者は《子どもの応援団》を結成しているので,相手を批判したり対立したりするのではなく,《子どもの成長を見守る》という共通のミッションのために,協力あるのみだ。保護者と学校ではおのずと役割も違ってくるので,両者はそれぞれの持ち場で努力し,連携・協力して事に当たる。連絡を取り合い,子どもの小さな成長を報告し合っては,ともに喜ぶことができる。

　この《応援団結成の術》を身につけるまでの私は,保護者に対して,「ご家庭でもご指導ください」という言葉を多用していた。欠席や遅刻のことならまだしも,授業中の態度が悪いとか,掃除をさぼるとかいうことにまで,使っていたのである。

　今思えば赤面ものだが,「子どもが掃除をさぼる」→「注意するが,改善されない」→「保護者に連絡し,『ご家庭でもご指導ください』と伝える」→「保護者が,『すみません。うちでも言っておきます』と答える」→「家で保護者が子どもを叱る」→「子どもと保護者,生徒と学校の関係が悪くなる」→「そして,また子どもが掃除をさぼる」という,とてつもなくマイナスのスパイラルが生まれていたのだ。

　今では,保護者と自分は,同じ《子どもの応援団》のメンバーだと思っているので,「ご家庭でもご指導ください」と丸投げすることはない。まずは「学校ではなかなか掃除をしてくれないのですが,おうちではどうですか？ 家のお手伝いはされていますか？」などと聞いてみる。「他のことはあまりしない

ですが，犬の散歩には毎日行ってます」とか，「私が仕事で疲れているときには，たまに洗いものをしてくれます」という返事が返ってきたら，しめたもの。保護者からの情報で，②の《よいとこ探し》ができてしまった。もちろん，「いいな」と思ったことは，その場ですぐに相手に伝える。「へぇ～，毎日だなんてすごいですね」「優しい，いい息子さんですね」

　子どもの《よいとこ》を教えてもらえただけでも大収穫だが，もう一歩踏み込んで，「私が普通に注意するだけではあまり効果がないので，『こういうふうに言ったら，素直に聞けるかも』とか，『ここにこだわっているから，やらないんじゃないかな』ということがあったら，ぜひ教えてください」などと聞いてみるとよい。保護者は《自分の子どもに関するスペシャリスト》だから，たかだか１年や２年のつき合いであるわれわれは足もとにも及ばない。いいヒントをもらえたら，ラッキーだ。

　《応援団結成の術》を身につけてからの私は，「ご家庭でもご指導ください」という言葉を使わなくなっただけではない。その代わりに，全く逆の言葉を多用するようになった。その逆の言葉とは，「おうちでは注意していただかなくて結構です」だ。

　よく遅刻して来るとか，授業中にすぐ携帯電話を触ってしまうとか，提出物を出そうとしないなどのマイナス情報を保護者に伝えた場合，私が「ご家庭でもご指導ください」と言わなくても，「すみません。うちでも注意します」とか「ちゃんとするように，叱っておきます」という反応をする保護者は多い。そう言ったからといって，全員の保護者が本当に注意したり叱ったりするとはかぎらないが，まじめな保護者ほど，本当に一生懸命注意しようとするものだ。ただ，学校でのできごとを，その場にいない保護者が注意するとなると，とかく頭ごなしな言い方になりがちである。「先生から聞いたよ！　何でそんなことするの！　もう，絶対やめてよね！」。そうすると，やはり子どもと保護者，生徒と学校の関係は悪化する。だから，そうならないために，「おうちでは注意していただかなくて結構です」とわざわざ言っておくのだ。

　「学校でも注意され，おうちでも同じことで注意されたら，子どもは行き場がなくなります。お母さんにはお伝えしておいたほうがいいと思ってご連絡しましたが，学校のことは学校で指導しますので，おうちでは，『学校で困ったことはない？』と聞いてあげる程度にしてください。おうちが居心地のいい場

所であるということが，子どもにとって何よりも必要なことですから」…。そう言うと，たいていの保護者は納得してくれる。

　また，《応援団結成の術》を身につけてからの私が保護者に対してよく言う言葉がもう一つある。それは，「長期戦になるかもしれませんが，一緒にがんばりましょうね！」だ。

(5)　裏技その④：○○研究の術

　教員の仕事は人が相手だ。相手も自分も《生きもの》で《なまもの》なので，いろんなことがそうそう思いどおりにいくわけがない。マニュアルに従って，工場で物を作るのとは違うのだ。そこが，教員の仕事の楽しさの源であり，つらさの原因でもある。

　保護者にかぎらず，生徒や同僚，管理職なども含めて，誰かとうまく関係がつくれず，どうすればいいのかわからない状況に陥ることは，誰にでも起こりうる。そして，他の多くの職種と違い，「合わないので，担当を変えてください」というわけにいかないのが，やっかいなところでもある。もちろん，1年かけて関係が劇的に改善し，最後は涙，涙で別れを惜しむ…というような感動的な話もなくはないだろうが，現実はそれほど甘くない。

　では，そんなときどうするか。根本的解決の糸口があれば，そこからがんばればよいが，それすらないときには，ぜひ《○○研究の術》を試してほしい。

　例えば，担任している子どもの保護者とうまくいかないときは，その保護者についての《研究》をするのである。

【研究のやり方】

①まずはよく観察して実態をつかむ。

　性格やよく言うセリフ，行動パターンなどを記録するとよい。

②次に，仮説を立てる。

　例えば，「電話で話すとき，相手の言葉に対して『でも』を使わずに話したら，いつもより気持ちよく話せるだろう」とか，「懇談のとき，『今日の服装すてきですね』と言ったら，一瞬笑みを浮かべるだろう」など，結果が検証できる形のものがよい。

③そして最後に仮説が正しいかどうかを検証する。

　つまり，実際にやってみて，結果を調べるのだ。

　《○○研究の術》のよいところは，関わることに大変なストレスを感じてい

た相手を《研究対象》という全く違う次元の存在にしてしまうことである。よく観察し，それを記録することで冷静かつ客観的にその人を見ることができるし，仮説を立てることで，その人の特徴こそが研究対象としておもしろいところだと気づき，自分の立てた仮説が正しいかどうかを確かめたいという気持ちから，その人に会うのが楽しみにすらなってくる…。うまくいけば，そんな効果がある。もちろん，必ずうまくいくという保証はないが，試してみる価値はあるだろう。たまたまうまくいく方法を見つけたら，それがうまくいかなくなるまで続けるとよい。

(6) 裏技その⑤：80点主義の術

　教育という仕事は，どこまで行っても100点満点などあり得ない。逆に，そのときにはマイナスにしか思えなかったことが，10年後，20年後に大きくプラスに転換することもある。様々な子どもが様々な形で成長していくので，同じものさしで測ること，同じ基準で評価すること自体，ナンセンスでもある。保護者との関係についても全く同じことがいえる。

　だが，教育に携わる人々は，とかくまじめな性格が多い。だから，いつも100点を目指そうとするし，足りないところを補いたいという気持ちが強い。

　自分ではどうしようもないこともある。時間がたてば自然に解決することもある。力を抜いて，目標は80点くらいが適当だ。人を相手にする仕事で100点満点を目指すと，自分も周りもしんどくなってしまうから。

(7) 最後に

　人を深く傷つけるのも人間，そして，勇気づけたり幸せな気持ちにさせてくれるのも人間だ。

　われわれ教職員も保護者も生身の人間だから，うまくいくこともいかないこともあるだろうが，「子どものために一緒にやっていきましょう」というメッセージはわれわれの側から発信し続けていきたいと思う。

10章　クレーム対応校内研修の進め方

大阪府立桜塚高等学校　仲尾久美

1．校内研修の企画

(1) 校内研修の意義

　教職員として参加する研修といえば，教育委員会が主催するもの，教員仲間のサークルや民間教育団体などが主催するもの，企業などが主催するものなど多種多様だが，初任者研修や生徒指導主事研修など，指名された人の参加が義務づけられているものを除けば，ほとんどは希望者のみが参加する形式である。このような場合，例えばセクハラ研修に参加するのはセクハラについての意識が高い人ばかりで，せっかく研修会を開催しても本当に必要な人には大切なメッセージが届かないという事態が往々にして起こってしまう。研修会を実施すればするほど，意識や知識の差が広がっていくというジレンマに陥ることすらある。

　その点，校内研修なら，本人が希望するとしないとにかかわらず，校内のほとんどの教職員に参加の機会（または義務）を提供することができる。また，職場の同僚のほぼ全員が同じ内容の研修を受けることで，情報を共有できるだけでなく，研修終了後の会話もはずみやすい。学校独自に計画しなければならないために，手間も費用もそれなりにかかることも多いが，しっかり企画・運営することで，投資に見合った，いや，それ以上の成果が得られるはずだ（2年生の担当者のみ，担任1年目の教員のみなど，参加者を限定した校内研修もあるだろうが，ここでは学校全体で行うものを想定している）。

(2) 状況やニーズの把握

　実際に校内研修を企画するときには，校内の状況やニーズを的確につかんでおくと，より効果が上がる。《保護者対応》に関する研修を企画する際に把握しておきたい項目例を以下にあげておく。

①児童・生徒の状況

　　出席状況，授業への取り組み状況，生徒どうしの関係，各学年の特徴，部

活動などの状況，校外の活動（塾，習いごと，地域行事への参加など），特に気になるクラスや生徒の情報など
②保護者・家庭の状況
　　家族構成（核家族，共働き，一人親など）の概要，経済状況（就学援助，奨学金，生活保護，未納金など）の概要，就労状況（深夜労働，ダブルワーク，求職中，就労不能など）の概要，PTA活動，懇談，授業参観，学校行事などへの参加状況，担任・部活顧問などとの関係，特に気になる保護者の情報など
③地域の状況
　　経済状況，コミュニティーの特徴，保育園・幼稚園・小学校・中学校の状況など
④校内における保護者対応事例
　　よくある質問や意見の内容，現在進行形の事例，過去の事例（成功例，失敗例）など
⑤教職員の状況
　　年齢・経験年数・性別などの構成，保護者対応に苦手意識をもつ教職員の割合，保護者対応に疲れ果てている教職員の有無，教職員が保護者対応に困難やつらさを感じるポイント，職場の人間関係の円滑さ，相談のしやすさ，風通しのよさ，管理職とその他の教職員との関係など
⑥校内体制
　　教職員間の連携，担当者を孤立させない体制の有無，情報共有，問題解決のための委員会・会議などの有無，外部支援者（PTA役員・役員OB，地域の世話役，小学校・幼稚園・保育園関係者など）の有無など
⑦教育委員会関係
　　『保護者対応の手引き』などの有無・普及状況，保護者対応に関する研修の実施状況・教職員の参加状況，専門家（弁護士など）への相談システムの有無・利用しやすさ，解決困難事例への支援体制など

　もちろん，これらの情報は校内研修の準備に必要不可欠なものばかりではない。また，きちんとした調査を行い，正確な情報を集めなくてはならないものでもない。しかし，こういった項目について改めて確認しておくことで，学校

の課題や必要な資源，考えておくべきことなどがおぼろげながら見えてくる。そういう観点からすれば，管理職や主幹教諭，研修担当者などの見立てだけでなく，広く教職員からも情報を得ておきたい。学校内外の状況を整理するところから，すでに《研修》は始まっているのだ。

　さらに，若手教員や非常勤講師などに困っていることを直接聞いてみたり，研修で学びたい内容について全教職員対象でアンケート調査を実施してみたりするのも大変有効だ。広く意見を集められるだけでなく，参加者の研修に対する期待感を高める，同僚間で気軽に相談できる雰囲気をつくる，職場の情報交換を促進するといった効果もあるからだ。

　また，ついつい忘れがちではあるが，教員以外のニーズもぜひ把握しておきたい。例えば，事務職員は外部からの電話を直接受ける立場にあるうえに，授業料や給食費などに関する保護者とのやり取りも多い。学校の植木整備や薬剤散布などに関するトラブルについては，技術職員の意見が参考になるはずだ。

　学校における教育活動は，決して教員だけで行うことはできない。様々な職種の人たちが，異なった立場から児童・生徒の成長を支えているのが学校なのだ。この当たり前のことを確認し，チームワークや連携プレーの大切さを意識するためにも，教員以外のスタッフや非常勤職員の意見を聞いたり，研修への参加を呼びかけたりすることは重要だ。業務の都合上，研修自体には参加できないケースも多いだろうが，お互いが，「同じ職場のスタッフだ」という意識をもつことが大切だ。

(3)　研修のねらい

　状況やニーズが把握できれば，いよいよそれに合った研修を企画することになるが，具体的な内容を決める前に，研修で何を目指すか，何をねらうかということを押さえておく必要がある。その際，気をつけておきたいことを以下にあげる。

① 《クレーム対応に特化した研修》にしない

　　保護者との関わりは，基本的には近所の人や同僚や友人とのつき合いと同じだ。この10章のタイトルは『クレーム対応校内研修の進め方』ではあるが，クレームありきでは相手とよい関係をつくることなどできない。保護者からのちょっとした質問や意見やお願いなどに，「クレームだ！」，「モンスターペアレントだ！」と過敏に反応するのではなく，冷静に，真摯に対応するこ

とで関係性をつくっていくことの大切さを学ぶことができる研修にしよう。
② 《マニュアルを覚えるための研修》にしない

　コンビニエンスストアで立ち読みしただけなのに，店員さんから「ありがとうございました。またお越しくださいませ」と大きな声をかけられてばつの悪い思いをした経験のある人は少なくないはずだ。人と人との温かな関わりに，マニュアルは必要ないのではないだろうか。

　もちろん，「何かあったら管理職に報告する」とか，「大事なやり取りは記録に残しておいたほうがよい」という程度のことを全員で確認するのはよいことだ。ベテランには当たり前のことでも，経験の少ない教職員にとっては，教えられて初めて気がつくことや，それによって救われることも多いからだ。

　だが，「こう言われたら，こう返す」「こんなときは，必ずこう対応する」というマニュアルを作って，それを確実に実行していくとなると話は別だ。このようなマニュアルは必要がないばかりか，危険ですらある。マニュアルに頼りすぎれば，人は考えることをやめてしまう。マニュアル化することで，保護者との関わりに最も大切な《相手の思いに寄り添おうとする気持ち》や，《背景にある事情について深く考えようとする姿勢》が失われてしまうことだけは，絶対に避けたいところだ。

　必要なのは，画一的なマニュアルではなく，それぞれの状況に応じた，そして個々の教職員の持ち味を生かしたオーダーメイドの関わりをしようとする気持ちだ。

③ 《対等な立場でともに学び合う研修》にする

　保護者対応の校内研修でときどき見かけるのが，管理職やベテラン教職員が若手を相手に長々と訓示を垂れている場面だ。

　確かに，若手や経験の少ない教職員の中には，保護者とのやり取りに自信がもてないとか，どうしてもうまくいかないという人もいるだろう。研修の中でも，「おいおい，そんな言い方じゃ，相手にけんかを売っているようなものだよ」と，若手の発言に一言注文をつけたくなる人がいてもおかしくないが，いくらそうだからといっても，上司や先輩から叱責やお説教や自慢話などを延々と聞かされても，その人本人の成長にはほとんどつながらない。それどころか，その場では「いいお話をありがとうございます」という顔をして聞いていても，実際には憂鬱な気分になって，「あーあ，だから研修な

んて嫌だったんだよねー」と校内研修や職場自体に対するマイナスイメージが刷り込まれてしまうだけだ。自分はよかれと思ってアドバイスをしているつもりでも，相手は今まさに「何かあっても，この人だけには絶対に相談するまい」と心に誓っているかもしれない…ということを，ベテランや管理職は十分心にとめておくべきだ。

せっかくの校内研修の機会を有効活用するためには，誰かが誰かを指導するのではなく，参加者全員が対等な立場でともに学び合う環境をつくる必要がある。そのためには，例えば次のような工夫をするとよい。

1) 管理職やベテランが失敗談を披露する。

　　上司や先輩が自分の失敗をざっくばらんに話すことで，若手はとても気が楽になるはずだ。場の雰囲気も一気に和らぎ，若手のみならず，多くの参加者が，日頃から悩んでいることや判断に困っていることなどを言いやすくなる。

　　くれぐれも，失敗談がいつの間にか自慢話に変わってしまわないように気をつけてほしい。

2) 弱い立場の人に恥をかかせない。

　　ここでいう《弱い立場の人》とは，若手・講師・保護者対応に苦手意識をもっている人・今現在，保護者との間で大きなトラブルを抱えている人などのことを指す。

　　研修の中で，例えば「保護者から○○について質問されました。あなたが担任ならどのように答えますか？」という質問をした場合，当てられた人が的外れな答えを言ったり，何も思いつかずに黙ってしまったりすることも予想される。そのことによって，立場の弱い人に対する周りの目が冷たくなったり，本人がさらに自信をなくしたりすることのないよう，十分配慮してほしい。

　　別のケースとして，過去にすさまじい経験のある人の場合，研修中にそのときのことがフラッシュバックする可能性があるということも，研修の企画や進行を担当する人は，頭の片隅に置いておいてほしい。

3) 他の教職員から学べる機会をつくる。

　　保護者対応には《唯一の正解などない》。このことは，言い換えれば《無数の正解がある》ことを意味する。

保護者対応が好きな人も嫌いな人も，得意な人も苦手な人も，誰でもその人なりに工夫して対応しているものだが，机を並べて仕事をしていても，意外にそういった情報交換は行えていないのではないだろうか。ほんの小さなことも含めて，各自がどんなことを工夫しているかを披露したり，実際の保護者とのやり取りについての意見交換をしたりする機会を設ければ，研修の満足度は格段に上がるはずだ。

④ 《楽しさ重視の研修》にする

　保護者との関わりについては，ふだんは必要以上に構えることはないが，ときには対応の大変難しいケースに出くわすこともある。全国レベルで見ると，保護者との関係が発端となって，病気になったり休職や退職を余儀なくされた教職員は相当数にのぼる。新・学校保護者関係研究会が2011年10～12月に行った教員アンケートでも，「保護者・子どもからのクレーム問題で，今後も病気休職者・精神疾患患者が増加すると思う」という項目について，「大いにそう思う」「ややそう思う」と答えた教員は，なんと94％に達している。現場は大変な危機感を感じているのだ。

　このような状況だからこそ，保護者対応に関する校内研修は楽しくなくてはいけない。たった一度の研修で受講者全員の保護者対応力をぐんと上げることは難しいが，楽しい雰囲気の中で大いに笑い，愚痴を言い，素直に自分の弱みを語ったり，同僚の声に耳を傾けたりすることで，職場の人間関係や風通しのよさは一気にレベルアップする。より多くの人が，「悩んでいるのは自分だけではない」「しんどいときには誰かが助けてくれる」と実感することで，小さな問題が大きくなってしまう前に誰かに相談したり，周りの者が問題を察知してすばやく対応できるようにもなる。学校の底力をつけるためには，《知識や技能を得られる研修》よりも，《楽しい研修》のほうがずっと有効だ。

(4) 研修のスタイル

　校内研修には様々なスタイルがある。例えば，講師，ファシリテーター，進行役などを，外部から招くもの，内部で立てるもの。内容の主なものとして，講演や説明を聞くもの，映像などを視聴するもの，参加型のもの（ワークショップなど），それら幾つかの複合型などである。

　いざというとき，学校では個人の活躍よりもチームワークのほうがはるかに

強い力を発揮する。だから，個人の力量を上げるより，チーム力を向上させるほうに力点を置くとよい。《対等な立場でともに学び合う研修》や《楽しさ重視の研修》にするためにも，時間や場所の条件を満たせば，参加型研修が望ましい。

　また，講師を外部から招く場合は，ずいぶん前から人選をして予約をしておく必要があるが，適当な外部講師が見つからない，日程や費用が折り合わないということも多い（評判のよい講師は1年先の予定までうまっていることがあるので，早めの依頼が必須だ）。その点，校内でファシリテーターや進行役を立てて行うことにすれば，気が楽だ。外部講師と比べて，より実情に合った研修を行いやすいだけでなく，同僚が前に立って進行することによって，職場のコミュニケーションやチームワークを高める効果も大いに期待できる。もちろん，費用もかからない。

　以上のことから総合的に考えて，《保護者対応》の校内研修として，

内部進行役による，参加型研修

を推奨したい。

　「研修のファシリテーターや進行役なんてできない」と思う人も多いだろうが，《専門家による講演会》や《できる人ができない人を指導する研修》ではなく，《対等な立場でともに学び合う研修》なので，進行役はどんな人がやってもかまわない。「進行役も参加者のうちの一人」「みんなで一緒に考えましょう」という姿勢で，肩の力を抜いて行えばよいのだ。一人が心細ければ，二人で進行するという手もある。

2．実際の研修内容

(1) **全体構成**

　ワークショップを中心とした校内研修の基本パターンは，次のようなものである。

```
基本パターン（60〜120分）
A：導入
B：グループ分け・座席移動
C：ワークショップ
D：まとめ
```

それぞれの項目について，以下に説明を加えるが，各学校の状況や教職員のニーズ，研修に使える時間などに合わせて，カスタマイズして実施してほしい。

(2) Ａ：導入

　主な内容は，①学校と保護者の関係についての現状と課題，②研修を企画した背景，③研修のねらい・目標，④研修の流れ，⑤研修中のルール・お願いなどである。

① 《学校と保護者の関係についての現状と課題》について

　　話せる人がいない場合はカットすることも可能だが，せめて新聞や教育雑誌の記事を取り上げるなどして，研修に対するモチベーションを高めたい。校内研修向けのDVDなども販売されているので，そのようなものを使うこともできる。

⑤ 《研修中のルール・お願い》について

　　誰もが気持ちよく研修に参加できるように，そして効果的な研修が実施できるようにするために，参加者にルールを確認しておこう。

　　以下に二つの例を示すので，各学校の状況に合ったルールを追加してほしい。

　　1)批判や説教をしない。

　　　「あー，そんな言い方じゃ，ダメダメ」，「君はまだ若いから，保護者の気持ちがわかっていないようだね」…このように言われたら，誰も続けて自分の意見を言う気にはなれないだろう。特に参加型の研修では，参加者が思ったことを何でも話せる環境をつくることが重要だ。

　　2)提案は積極的に。

　　　では，他の参加者の発言に対して何も言ってはいけないのだろうか。もちろんそんなことはない。「こんなふうにするのはどうでしょう」とか「こう伝えたら，すごくうまくいったことがあるよ」というような《提案》は大歓迎だ。《批判・説教厳禁》というルールがあればこそ，思い切って発言することができる。

(3) Ｂ：グループ分け・座席移動

　グループはどのような方法で分けてもよいが，経験年数・性別・担当学年・担当教科などの違う人たちを組み合わせるほうが望ましい。ワークショップでは，経験や考え方の違う人たちの様々な意見にふれることによって，深く考え

ることができるからだ。また，同じグループでワークショップを体験すると心理的距離が縮まるため，それまで接することが少なかった人たちも含めて，職場の人間関係を円滑にする効果も期待できる。1グループの人数は4〜6名くらいが最適だ。

座席はグループごとに固まってもらう。話がしやすいように，間に置く机はあまり大きくないほうがよい。また，全員が前を見やすいようにするとか，ふだんの会議と異なった配置にすることによって，新鮮な気持ちでワークショップに取り組めるようにするなどの工夫をするとよい。

(4) C：ワークショップ

ワークショップといっても，その種類は無数にある。ここでは，
- 保護者対応をリアルに体験できる。
- 参加者全員が主役になれる。
- 人数が多くても少なくてもできる。
- 保護者対応が得意な人も，苦手な人も学べる。
- 突然の人数変化にも対応できる。
- 準備が簡単である。

という，校内研修にうってつけの《ロールプレイ》を紹介したい。

ロールプレイとは，ロール（＝役割）をプレイする（＝演じる）ことで，実践力を身につけると同時に，相手の気持ちをくみ取ったり，自分の言動を客観的に振り返ったりすることができるワークだ。

【ロールプレイの進め方】

①役割決め

各グループで担任役・保護者役・観察役を決める。若手や経験の浅い教員は，担任役だと保護者役からの攻撃に立ち往生したり，保護者役だと迫力不足になってしまうことが少なくない。例えば教職経験年数の長い順に，保護者役，担任役，観察役を決めるように，進行役から指示するのもよいだろう。

グループの人数が4名なら，保護者2名，担任1名，観察役1名とし，グループの人数が多ければ，担任役に学年主任や教頭・校長役を加えたり，保護者役を複数（両親，または同じクラスの保護者2名という設定など）にする，祖父母や友人，子ども本人を加える，観察役を2名にするなどの調整もできる。

②指令内容確認

担任役・保護者役・観察役は，自分の《指令書》の内容を確認する。

担任役と観察役への指令書の情報量が少ないのは，

- 担任役が，保護者から突然の訪問を受け，何の話なのかわからず，不安な気持ちのままその場に臨むという臨場感を経験する。
- 観察役が，その場で繰り広げられるやり取りを先入観なしで観察する。

ということをねらっている。また，指令書には大まかなことしか記載されていないので，書かれていない状況は担任役や保護者役がその場で自由に設定してよい。

保護者役が複数いる場合には，ロールプレイに入る前に「作戦会議」の時間を3～5分程度とり，話の進め方，役割分担などを決めておく。保護者の突然の訪問という設定なので，学校側（担任役，教頭役など）には「作戦会議」が認められない。

担任役への指令書

設定

今日は卒業式。子どもたちも全員帰宅してほっとしていたところ，あなたのクラスのタロウ君の保護者が，突然たずねて来られました。

あなたは今までにこの保護者と特にもめたことはありませんが，タロウ君の妹の担任からは「ちょっとしたことで文句を言いに来る困った親だ」と聞いています。

観察役への指令書

設定

今日は卒業式。子どもたちも全員帰宅してほっとしていた担任のところへ，クラスの保護者が突然たずねて来られました。

お願い

ロールプレイを見ていて，感じたことを簡単にメモして下さい。
　（例）保護者と担任の気持ちのズレ，ポイントとなるセリフなど
〈メモ〉　提出の必要はありませんので，自分用のメモでかまいません。

> 保護者役への指令書
>
> 設定
> 　今日は卒業式。あなたの息子のタロウ君が，卒業アルバムを持って帰って来ました。ところがタロウ君の写っている写真は，集合写真を除けばたったの1枚しかありません。しかも，遠くの方にごく小さく写っているだけです。それなのに，近所に住む同級生のダイスケ君は，大きく写った写真が5枚も載っています。気持ちの収まらないあなたは，担任にひとこと言うために学校へ出かけて来ました。
>
> お願い
> 　◎初めは冷静に話をしてください。
> 　◎担任の言うことに納得できなかったり，腹が立ったりするたびに，言動をヒートアップさせてください。
> 　（例）「アルバム代を返せ」「全員のアルバムを回収して，作り直せ」「傷ついた息子の心をどうしてくれるのか」「議員を連れてくる」……などの発言をしたり，声を荒げる・机を叩くなど（その他のアレンジはお任せします）

③ロールプレイ

　「これから約10分間，役になりきってもらいます。こちらがストップをかけるまで，途中でやめずに続けてください。では，第一声は保護者からどうぞ」という進行役の合図で，ロールプレイを開始する。

　どのグループも，次第に役柄になりきってやり取りが進んでいき，中にはかなりヒートアップするグループも出てくるだろう。6〜7分たつと立ち往生するグループが出てくることが多いので，進行役は頃合いを見計らってストップをかけよう。

　終了の合図とともに，会場内はため息や笑いで包まれる。進行役は「役を解いてお互いの労をねぎらうために，拍手をしましょう」と言って，その場にいる全員で拍手することを促してほしい。これによって，ロールプレイの失敗や激しい言い合いをその後に引きずることなく，全てをリセットすることができるのだ。

④グループディスカッション

　実は，ロールプレイそのものより，ロールプレイ後のディスカッションのほうがはるかに重要である。このワークショップは，保護者と学校との思いの違いや保護者から見た学校の対応のまずさなどに気づき，どのように関係

をつくっていけばよいのかを参加者みんなで考えることに主眼を置いているからである。

　ロールプレイの余韻が残っている間に，まずはグループ内で自由に感想を述べ合う時間をとる。その次に，観察役が司会となり，
　1）今のやり取りは保護者側から見てどうだったのか。
　2）担任（学校）の応対の中でよかったのはどのような点か。
　3）よくなかったところは，どう改善すればよいか。
などにしぼった話し合いを行う。

　ロールプレイの様子や話し合いの内容は，進行役が幾つかのグループにインタビューすることによって，参加者全員で共有することができる。こうしながら，誰かに正解を与えてもらうのではなく，自分たちの中からヒントを見つけ出していくことこそが，ワークショップの醍醐味だ。

(5)　D：まとめ

　時間の制約もあるだろうから，まとめや振り返りの時間は短くてもよいが，「保護者と学校は，手を取り合って子どもの成長を見守るパートナーだ」ということを，最後に参加者全員でしっかりと確認し，明日への希望を実感して終わりたい。

〈参考・引用文献〉
小野田正利編（2009）『イチャモンどんとこい！　～保護者とよい関係をつくるためのワークショップ』DVD付き（筆者も一部執筆）
　①ロールプレイの詳しいやり方や，コピーしてそのまま使えるキットが載っている。
　②DVD：前編「無理難題要求〈イチャモン〉の現状」（約35分）
　　　　　後編「教職員へのアドバイス・メッセージ」（約35分）
　　　　　参考映像「実際のワークショップの様子」（約10分）
　　★いわゆる《イチャモン研究》の第一人者で，全国の学校・自治体・PTAなどで多数の講演活動を行う大阪大学大学院小野田教授による校内研修向けミニ講演が収録されている。
　　　前編は校内研修の《導入》に，後編は《まとめ》に使える。

11章　学校問題解決支援事業の取組みと効果

豊中市教育委員会理事　西尾隆司

　豊中市教育委員会では2008（平成20）年度から学校問題解決支援事業を発足させ、学校に関わる様々な問題解決について取り組んできた。

　豊中市教育委員会の学校問題解決支援事業の大きな特徴として、2006（平成18）年度に発足させた「サポートチーム」とこのときに新たに発足させた「学校支援チーム」とが両輪となって、学校問題の解決に向けて事業展開してきたことである。

　「学校支援チーム」は、解決困難な学校問題を弁護士や臨床心理士、警察官OB、学校問題を専門に研究している大学教授などの専門家がチームを組んで、学校や教育委員会とは異なる第三者の性格を有しながら、学校や保護者からの聞き取りをもとに、保護者と学校との望ましい相互信頼を構築し、問題の解決を図るための指導、助言を行っている。

　また、「サポートチーム」はソーシャルワーカーや臨床心理士、医師、少年問題に精通した弁護士などでチームを組み、子どものケアを主眼に置き、子どもの立場に立った適切な対応と、子どもと保護者自身のエンパワーメントに取り組んでいる。

　簡単にいえば、「学校支援チーム」は学校と大人との関係修復、「サポートチーム」は子どもの心のケアということを主眼に置き、お互いが連携して事案全体の解決を図っていくというものである。

　現在では全国で多くの教育委員会が同様な事業を展開しているが、当時はまだそんなに多くなかったことから、マスコミの話題となった。

　発足当初の、教育委員会による報道提供資料には「昨今、社会の変化や情報化社会の進展、家庭や地域社会の教育力の課題等による学校の役割の拡大、学校に対する要求度の高まりに伴い、学校に対する様々な思いや願いが寄せられている。学校はそれらに対し、真摯に受け止めるとともに、子どもたちのために最大限応えていく努力と行動力が求められる。しかしながら、事案によっては、学校の対応を理解できず、苦情が次々とエスカレートし、長期にわたる執

拗な抗議の連続や，長時間に及ぶ電話や面談という行動に及ぶこともあり，これらの許容は学校の機能を低下させるとともに，他の多くの保護者の信頼に背くことにつながる。保護者と学校の望ましい関係の土壌は相互信頼であり，子どもの健全な成長という共通の方向を確認し連携協力することでつくられていくことから，保護者の学校への思いや願いの本質及び背景を把握し，専門的な見地に基づく適切な対応策の検討や，早期解決を図る支援体制が必要になってくる。『保護者対学校』という構図を仲裁しながら問題解決をめざすとともに，決して排除するのではなく，学校と保護者の信頼を回復するために，第三者機関の性格を有した専門家による学校支援チームの的確な指導助言に基づいて，解決に向けた組織的な対応を目指す」と説明されていた。

　目的は保護者と学校との望ましい相互信頼を構築し，問題の解決を図るための指導，助言を行いながら，子どもたちの学びと育ちを豊かにする実践を進めるということで，決して保護者をモンスターペアレント扱いにして，その対策を考えるというようなことではなかったのであるが，やはりモンスターペアレント対策チームの発足というような受け止めをされてしまった。

　私は1998年から大阪府教育委員会義務教育課で主に生徒指導関係の担当をしていたが，自分が中学校の教員をしていた頃には，生徒が登校拒否に陥るという事態そのものが稀なことであり，学校に来るのは当たり前という感覚だったが，この頃から登校拒否，今でいう不登校の児童・生徒数が年々増えていくようになった。

　当然ながら教育行政の中で重要な部分を占め始めたのが不登校対策であった。全国的に適応指導教室の設置やスクールカウンセラーの配置等，不登校児童・生徒に対する施策が喫緊の課題として重要視されるようになった。

　そのほかにも「小1プロブレム」「学級崩壊」「いじめ」「校内暴力」等々，様々な教育課題が社会問題化するとともに，中学生による殺人事件や，虐待による事案が増えてきて，学校教育，家庭教育ともに急激な変容を遂げていったような気がする。まるで日本の教育システムそのものが末期的な症状を見せてきたような気がしたものである。

　私が府教委に入った頃は，苦情の内容も相談に近いものが多く，またていねいに対応すれば納得もしてくれる事案がほとんどであった。とはいうものの，

学校との話し合いがこじれて，また市教委でも解決せず，府教委まで持ち込まれてくる事案なのでこじれ切ったものが多かったのは事実だ。

また同時に，この頃から教育委員会に対する苦情の数も増えてきたように思われるとともに，苦情の内容も変化していった。

最初の頃は学校の指導の不適切さや不誠実な対応から起因している事案であったり，明らかに保護者の誤解や理解不足からもめごとに発展している事案が多かったのだが，きっちり原因を説明していけば解決するものがほとんどであった。

しかしそのうち，「子どもが担任の先生の顔が嫌いというので，担任の先生を替えてほしいと学校に頼んだのに聞き入れてもらえない，市教委に言っても相手にしてもらえない。このままでは子どもが不登校になってしまう」というような内容や，中学校の運動部の保護者から「夏の大会で自分の子どもは5分間しか試合に出してもらえなかった。最後の大会なのに子どもの気持ちを考えていない」といったような苦情が多くなってきた。

また，1件あたりの苦情（電話）の時間が以前よりも長くなって，ひどいときは3時間ほどじっとどなり声を聞いていることもあった。

電話が鳴って対応しようとすると，いきなり「教育委員会の職員は給料ドロボーか！」とどなられました。どうやら交換で電話の内容がよく把握できていなかったためなのか，また，内容的にどこへつなげばいいのか判断できなかったためなのか，とにかく教育委員会のいろんなセクションをたらい回しにされたようであった。

とにかく話を聞き始めたのだが，その内容というのは「公立中学校の教師は怠慢である」から始まって，「クラブの数が少ない」「授業も少ない」「補習もしない」「夜の8時には職員室は誰もいない」等々，とにかく国民の税金で食べさせてやっているのに教育サービスの質が悪すぎるというようなものであった。

そもそも公立の教育機関というものはということを，法根拠も含めてこんこんと話したのだがまったく聞いてもらえずに，一方的に1時間ほど話を聞いていることになった。

そのときにつくづく思ったことは，今や公立学校はサービス機関というとらえ方をされているということであった。

確かに現代の義務教育は市場原理の導入の結果，学校選択制や学力テストに見られるように競争主義的になりがちだと思う。公立学校そのものが「サービス」的な教育機関となり，ややもすれば学習塾と同じようなものに扱われていることも多いのではないだろうか。
　進学本位の私立学校や有名学習塾での学習が「質の高い」ものとされ，公立学校はあたかも質の悪い教育をしているようにいわれることもある。
　また以前からいじめや不登校をはじめとする様々な問題行動の多発や学力低下等の課題の中で，学校に対する不信感はある程度存在していたと思うが，最近は学校に対する全幅の信頼を置く保護者は少なくなり，むしろ学校に対する利用者意識という立場から，保護者自身の求めるような教育をしないのなら自分の子どもを学校に行かさないというようなことを平気で言う保護者も増えてきている。
　つまり前述の電話の内容のように，保護者の中には学校は自分たちに対して教育に関するサービスを提供するものであるという考え方をする人が増えてきたとともに，保護者から見て学校は自分たちの求める教育サービスを提供するのが当たり前という考えを前面に主張する結果，学校と保護者の間に摩擦が起こっているケースも多くなってきた。
　そもそも公立私立を含めた学校教育法第1条に定められている学校は，様々な教育関係法令等に従って，教育活動を行っている。学校の教員の裁量というものが全くないとはいえないが，それはこのような法規定の中の，さらに一定の枠内でのことだと思う。
　したがって，保護者の私的な教育論を中心とした要求を満たすような教育は，学校で行うことはできないのである。
　学校は「公教育」であることから，特に義務教育の場合，子どもに「国民としての最低限必要な基礎教養を身に付けさせるとともに，平等な教育機会を与える」ことを前提として公的に望ましい教育をすることが法令等で定まっているわけで，保護者も就学義務の考え方（最近は少し変化してきているが）からすると，学校とともに子どもを育てるという観点が必要だと思う。
　しかし，このようなことを，苦情を申し立てる保護者に説明しても，むしろ逆に興奮度を上げるだけだと想像される。
　向山洋一（教育研究団体 TOSS 代表）先生が命名されたという「モンスターペア

レント」という言葉が流行のように聞かれる。

　向山先生の「モンスターペアレント」に対する考え方は,「自分の子どもが通う学校に対し,理不尽な要求を繰り返す親が増えている。私は３年前,こうした親たちを怪物にたとえて『モンスターペアレント』と名付けたところ,テレビドラマの題材にまでなった。病院でも『モンスターペイシエント（患者）』という呼び名が生まれた。『モンスター』という言葉がこれほど広がったのは,もはや社会的に見過ごせない深刻な問題になっているからだろう。

　学校現場では20年ほど前から,子どもが勝手な行動をする「学級崩壊」が深刻化した。教師の指導力不足に原因があるのは明らかで,親が学校に不信感を持つのは自然なことだ。だが最近は,常識はずれとしか言いようのない抗議や要求を持ち出し,学校運営をめちゃくちゃにしてしまう事例を耳にするようになった。そこで私は,四つの項目に当てはまる親を『モンスターペアレント』と定義した。①学校や教師にささいなことで文句を言う　②延々と抗議し,攻撃的な要求をする　③学校の教育計画が滞り,子どもに悪影響が及ぶ　④教師が病気や休職に追い込まれる。

　彼らは要求が通らないと,どんどん過激になっていくので厄介だ。たとえば毎日のように学校に来て,校長や担任教師に『土下座しろ』『教師を辞めろ』と何時間も迫る。教室に入り込んで『こんな先生の授業は受けるな』と叫び,授業を妨害する。『子どもを登校させない』『裁判に訴える』と脅す。教師の中には,対応に悩んで病気になったり辞めたりした人もいる。

　モンスターと呼ぶのを『レッテル貼りだ』と批判する人もいる。しかし,学校では教師や子どもたち,病院では医師や看護師らを,社会全体で守るために必要な言葉である」ということである。

　この中で向山先生の「学校では教師や子供たち,病院では医師や看護師らを,社会全体で守るために必要な言葉である」という部分には非常に共感を覚える。

　学校と保護者のトラブルが深刻化,長期化するときにいちばん犠牲になるのは子どもというケースが非常に多い。多くの事例にあるように,学校が要求を聞き入れてくれないと子どもを学校に行かさないというようなことや,また,教師自身がその保護者の対応に疲れ果て,あるいは多くの時間を取られることによって,他の子どもと向き合う時間が減ってしまうというようこともある。

　私自身が教育行政の中で経験してきた苦情対応でも,苦情そのものを聞くこ

とが苦痛であるというよりも，むしろそのために自分自身の仕事の時間を対応に充てることによって，本来の業務が滞ったり，退庁するのが夜中になったり，仕事のスケジュールが大幅に狂うことが苦しかったことである。

「モンスターペアレント」という言葉は今や教育界だけでなく社会全体に定着している観がある。何年か前には同名のドラマが放映されて話題になっていた。つまり「モンスターペアレント」という言葉が教育問題の大きな課題となっていることを知らしめたことは，理不尽な要求をしようとする保護者に対する警鐘となり，それなりに意義のあることかも知れない。

しかし，同時に「モンスターペアレント」という言葉を正確に理解しないまま，学校や周囲が安易に「モンスターペアレント」をつくり上げてしまうケースもある。そしていったん自分たちの中で思い込んでしまうと，自ら保護者を理解しようとする姿勢がなくなり，同時に学校と保護者は自然に敵対関係になってしまい，解決の糸口さえ見つからなくなることも多々ある。

さて，学校問題解決に先進的に取り組んでこられた大阪大学大学院の小野田正利教授を顧問に発足した本市の学校解決支援事業も，5年目を迎える。

この間，多くの解決困難な事案に取り組んできたが，専門家チームの助言を受けて学校が対応した結果，多くの事案が解決する成果が見られると同時に，学校だけでは解決せず，教育委員会が対応したり，あるいは自然消滅したり，いまだに未解決のまま対応に苦慮しているケースもある。

学校問題解決支援事業が発足したとき，校長をはじめとした教職員の中には，これで学校が解決困難な保護者とのトラブルに直接対応することもなくなると思った人もいたようだが，私たちの考えとしては保護者と学校との望ましい相互信頼を構築するために，学校が対応しやすくするための様々なツールを専門家の意見を踏まえて学校に提供していくというものであった。

なぜなら，保護者と学校との信頼関係を築くためには，保護者と学校が直接対話して理解を深めることこそが，真の信頼関係につながると考えたからである。

発足以来，教育委員会への苦情の件数は少なくなると同時に，支援チームに対する学校からの相談件数は増加の一途をたどっている。これはまさに学校が支援チームの助言をもとに，トラブルにしっかりと向き合っていることを表している。

また，サポートチームは子どもや保護者のケアについて，定期的にケース会議を開催し，実際的なケアの方針，内容を検討し，学校をサポートするとともに，直接子どもや保護者に心のケアをすることによって，学校との絆を深める働きをしている。
　本市の学校問題解決支援事業はこの二つのチームが両輪となって子どもの健やかな育ちをサポートしている。
　しかしながら，保護者と学校とのトラブルそのものは相変わらず頻繁に起こっている。同時にそれが長期化するケースも依然として見られる。
　長期化する多くのケースは初期対応のまずさと感情的なもつれがほとんどである。
　学校問題解決支援事業はあくまで対症療法的なものであり，相談や報告の時期によっては完全な事後処理ケースになってしまい，的確な助言をしようにも助言そのものが両者に入らない状況になってしまっていることもある。
　ここ数年，文科省の研究委託を受けたり，あるいは独自に多くの教育委員会が保護者等からの要望・苦情等の対応マニュアルを作成している。また専門家でチームを組んで学校問題解決支援の取組みもしている。
　その中にはクレームや無理難題を要求する人の性格的なタイプ分けや内容による種類分け，また多くの事例研究，そして対応の仕方などがわかりやすく書かれていて，学校現場に非常に役立つものである。
　これらの事例集や対応マニュアルに必ずといっていいほど書かれているのが，やはり「初期対応」という言葉である。本市におけるこれまでの事案についても適切な初期対応ができていればここまで長期化することはなかったのに，と悔やまれるケースは多々ある。

　迅速な初期対応をするために必要なことは「少しの勇気」と「豊富な知識」と「コミュニケーション能力」だと考えている。これは，もしかしたら教師が日頃行っている教育活動に必要なものと同様なのではないだろうか。それなのになぜか保護者が相手となるとうまく発揮できなくなる。
　関根眞一氏が『となりのクレーマー』という本の中でこんなことを書いておられる。
　「苦情への対応が未成熟，つまり，苦情対応力欠如の問題となるでしょう。

対応力を付けるには経験に勝るものがないとするならば，その境遇になかった，教師と医師は，現代社会において，あるいは気の毒な人なのかもしれません」「解決の道はやはり経験とともに，対応に必要な知識を知ることです。知らなければならない知識は幅広くあります。関係法令から始まり，個人情報保護法，消費者基本法，患者・保護者の心理，対応術，言葉づかい……苦情対応の知識です」「苦情やクレームにさらされたとき，教師や医師には，うまく対応ができず，悩んでしまう人が多いようです。これまで先生と呼ばれ，尊敬を受けてきたわけですから，一転して苦情を言われる側に立たされると，どうしていいか分かりません。頭を下げる経験も少なかったでしょうから，お詫びの仕方からして，うまくないのです」「今までは，教師・医師ともにいわば聖職で，立派な人が多かったのでしょうが，最近では，悪人も出現していることです。教師であれば平気でいじめに加担したり，わいせつ行為で捕まったりしています。また医師であれば，不正な保険請求やカルテの改ざん等医療法規違反をする者があとを絶たなくなっています。そうしたことから，世間の信用を落とす結果になっているのです。クレームや苦情が平気で寄せられることになった背景には，これらを含めた権威の失墜があるのでしょう。苦情の講演や研究を続けていると，多くの人が苦情で病んでいるのが分かります。しかし，彼らは不勉強であることも事実で，苦情と苦情の対応というものをもっと学んでほしい，と痛感せざるを得ません。」

　関根氏は，教師といえども苦情社会の中で生きていくためには苦情対応力を自分自身の中でスキルアップすべきだと指摘しているが，確かに今後の学校には必要なことだと思う。

　前述した「少しの勇気」はさておき，苦情対応，特に初期対応に必要なものはまさしく「豊富な知識」ではないだろうか。つまり教育に関する専門的な知識はもとより，法理的なこともこれからの教師にとって大切なツールになると思われる。

　教師はとかく法規法令にはうとく，学校運営というものは，あくまでも教育活動のためのものであり，管理とか行政とかのために行うものではない。そもそも教育という創造的な営みは法律になじまないのだから，学校運営にすぐ法律を持ち込むのは教育的とはいえないと考えているのではないだろうか。

　教育法規の専門家である菱村幸彦氏はその著書の中で，「学校教育は公事で

あり，現代の学校教育は公教育として，国政の一環として行われるものである。公教育を定めるのは法律であり，その運用も法律に従って行われなければならない。人事管理や，生徒の教育管理，施設・設備や財産の管理にしても，多くの法律が網の目のように定められており，それらを全く無視して学校運営を行うことは，海図もなく羅針盤もなしで大洋に出るようなものである。しかし，法律はすべてではない。『法は道徳の最小限』という言葉があるが，『法は教育の最小限』ともいいうる。公教育はその最小限の枠取りとしての法律の基盤の上に，豊かな教育実践の花を咲かすべきものである。学校運営にあたる者は，一通り教育法規を心得たうえで，ことさら法律を表に出さずとも高い教育的見識に基づく，活力ある学校の経営を実現すべきである」と述べている。

確かに学校運営は生き生きとした教育活動を展開するべきもので，何よりも教育があるべきで，日常の教育活動が法令の条文をもとに行われるならば，それは異常な状態であるといえる。教育は決して画一的なものではなく，子どもたちそれぞれの個性を豊かにはぐくむものであり，教育と法律とはなじみにくい部分はある。

だからこそ，全ての教育活動に根拠をしっかりもって取り組む必要があるのではないだろうか。

子どもへの教育方針の違いや教育に対する価値観の違いをぶつけてくる保護者は増えているが，それに対してどのような根拠で，どのような方針でということを明確に答えられなかったり，単に教師自身の教育理念や価値観を押しつけてしまうことがよくある。もともと理念の違いから苦情を言っている保護者にとっては，ますます違和感とともに隔たりを感じるばかりで，これではお互いの考え方が違うということを確認しただけのことになってしまう。

苦情の初期対応で大切なことは，かまえないで自然に対応することである。そして謝罪の必要性や寄り添いの必要性，あるいは説明の必要性，とにかく相手の主張に対し一定の理解をしようとする気持ちが必要だと思う。何を理不尽な要求をと思っても，そのような要求が起こる背景を考える必要があるのだ。

私自身が対応した様々な事例への経験則から考えると，正当な要求でも不当な要求でも，申し立てている人の態様は様々である。冷静に話している人，怒っている人，泣いている人等々だ。冷静に話されている人に対してはごく普通に対応するが，怒っている人や泣いている人に対しては，まず気の毒に思って

しまうのである。

　人間誰しも怒ったり泣いたりするときは，それなりの負担が心にかかっているはずだ。誰しもそのような心の状態になりたいとは思わないだろう。むしろ笑っていたい，楽しんでいたいはずなのに，なぜ目の前の人は怒っているのか，泣いているのか，何となく気の毒に思えてくる。

　たぶん，そのときに私自身が相手の気持ちを受け入れようとする作用が働いているのだと思う。それが微妙に相手に伝わるのか，相手の感情も少し落ち着くことが多いようだ。

　苦情に対する初期対応以前の対応はけっこう大切だと思う。

　学校が苦情に対応しようとするときに，苦情の内容が正当なのか不当なのかの判断をする必要があるが，その判断の根拠になるものに対する知識がなければ判断のしようがない。

　私自身は，自分の業務の関係で判例を参考にすることがよくある。そのときに裁判所の判断だけでなく，判決文の全文を読んで原告と被告双方の主張をしっかりと頭に入れるようにしている。また，気になる判例については，入手できる限り準備書面も読むことにしている。

　例えば学校の責任を追及されたときに，ここで認めれば訴訟になったときに言質を取られることになると妙に心配して，あいまいに答えたりすることもよくあるが，学校に責任があるかないかはその裏打ちが必要となる。なぜなら後々に第三者から「客観的に見てそれは学校の責任ではない」と当事者どうしに言ってもらうこともできるからである。

　教員には，人間的成長発達の指導助言活動といえる，「生活指導」の機能が広範に与えられていると考えられる。学習指導要領の総則では生徒指導の充実として「教師と生徒の信頼関係及び生徒相互の好ましい人間関係を育てるとともに生徒理解を深め，生徒が自主的に判断，行動し積極的に自己を生かしていくことができるよう，生徒指導の充実を図ること」とあるが，これはまさしく，子どもの人権を尊重しながら人間的成長を促すための営みであるといえる。

　ところが子どもの学習権や人間的成長発達権を侵害するような生活指導，生徒指導が行われることも少なくない。

　実際の事例でも，問題行動に対する事情聴取において，授業時間中に校長室で子どもから事情聴取を行い，しかも複数の教員が一人の子どもを取り囲んで

行ったということがあったが，これは明らかに当該の子どもに圧迫感を与えるとともに，学習権の侵害に当たるといわれても仕方がないケースだと考えられる。

また，近年は，インクルージョンの考え方が浸透し，通常学級において特別なニーズをもった児童・生徒も一緒に教育活動を行うことが求められている。それに伴い，一人一人の教師にこれまで以上の高い専門性と，高い対人関係能力が求められるようになってきたといえるだろう。

さて，最近の教師のコミュニケーション能力については，いろいろなところで話題にのぼるが，2010（平成22）年4月から8月にかけて，教員の資質向上能力を検討するための資料として，文部科学省の委託を受けた三菱総合研究所が調査を実施した。

これは教師や保護者，教育委員会，学生を対象に実施されたものであるが，この中でとても興味深いのは，「子ども理解力」「対人関係能力，コミュニケーション能力」「教職員全体と同僚として協力していくこと」の項目で，その必要性は保護者よりも当事者である教員のほうのが高いという結果が出た。これは裏を返せば，子ども理解やコミュニケーション能力，協調性については教員自身が思っているほど保護者は評価していないということである。

調査全体を見ると，子どもへの愛情や責任感，指導力については教員が思っている以上に保護者は評価しているのだが，対人関係能力については逆に保護者の評価は低いという結果になっている。これが学校と保護者との行き違いやトラブルの一因とも考えられるのではないだろうか。

「感情労働」という概念がある。この概念は，1983年にアメリカの社会学者ホックシールドが人の「感情」と「労働」というものを結合させて定義したものであるが，ホックシールドはフライトアテンダント（客室乗務員）や看護師におけるそれぞれの職業上の規則の中で，必要な感情を「表出」するための感情管理が求められると指摘し，そのような感情管理をしなければならない職種を感情労働職であるとしている。

フライトアテンダントは相手（客）に対する思いやりや好意をもつように自己の感情を管理することが求められ，看護師は相手（患者）に対して「共感」や「受容」など適切な感情反応を示すように看護師教育の中で教えられている。

この「感情労働」については，実は教師は毎日無意識にしていることではな

いだろうか。

　例えば，子どものモチベーションを上げるためにわざと楽しそうなふり（ふりというとちょっと語弊があるが）をしてみたり，生徒指導で怒るのもそうだと思う（指導が感情的になってはいけないのはいうまでもない）。

　自分自身も苦情対応に臨むときは完全に感情労働者となっている。特に初期対応のときはどのような言葉を浴びせかけられても，その場に必要な感情表出をするために必死で感情管理を行う。

　このような感情管理はこれからの教師に求められるスキルの一つではないだろうか。

　以上，学校問題解決支援事業に携わってきた経験から，主に学校や教師の対応スキルについて述べてきたが，おそらくそれだけではこの問題の根本的な解決にはならないと考えている。

　問題がこじれてから対応しても対処療法的なものになってしまう。保護者の無理難題を封じ込めるということではなく，新たに学校と家庭が信頼し合うための対応策が必要なのではないかと思う。

　学校が保護者や地域の多様な教育的要求にしっかりと応えるためには，学校と教育委員会だけでは対応が難しいケースが多くなっている。そのためには，学校現場に地域住民や保護者に参加してもらい，パートナーシップを構築できるようなシステムが必要だと思う。

　その一つの方策としてコミュニティスクールのような，学校を中核とした新しい学社連携というような制度設計は，現代の教育課題解決のための一つの有効策だと思う。

12章　若い先生の保護者対応力の育成とスキルアップ

甲南大学　古川　治

1．直面する過程でクレーム対応の知識とスキルアップを図る

(1) 保護者問題で若い先生が辞めていく

　2010（平成22）年前後から，教員に採用され初任者教諭の終了期間を待たずして退職する若い教師が全国で300人を越えた（図表－1）。初任者で着任し，教師を辞める者は，10年前に比べ5～8倍になり，病気による依願退職者数も30％を占める。

　また，東京都新宿区，西東京市，静岡県磐田市内の小学校をはじめ各地の学校で新任教師の自死という悲しく痛ましい事例が，一部は「公務災害」と認定され報告されている。初任者教師にとり大学の教職課程で教科と教職について学び，学校現場に配属されたとはいえ，これまで大学ではトピックとして「モ

図表－1　条件附採用期間における依願退職者の状況
●条件附採用期間を経て正式採用とならなかった教諭等のうち，依願退職者数の推移

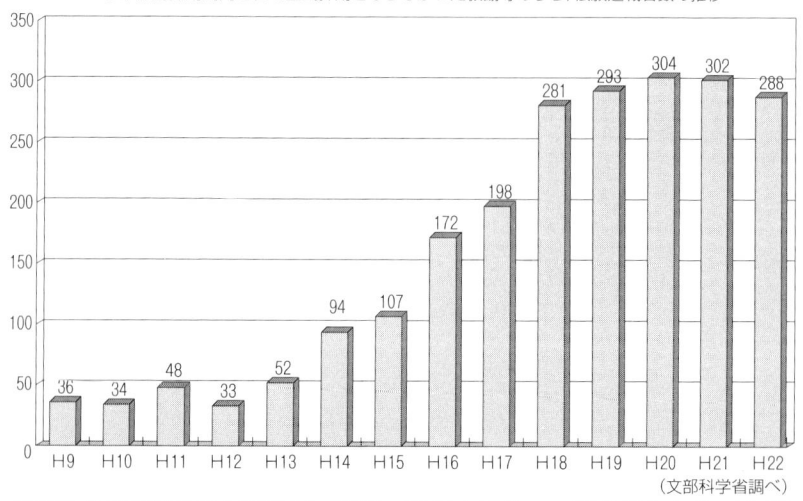

年度	H9	H10	H11	H12	H13	H14	H15	H16	H17	H18	H19	H20	H21	H22
人数	36	34	48	33	52	94	107	172	198	281	293	304	302	288

（文部科学省調べ）

※グラフは，中教審「教職生活の全体を通じた教員の資質能力の総合的な向上方策について」（答申）（平成24年8月28日）より引用

ンスターペアレント」の話題については聞いたとしても,「クレーム対応論」や「学校・保護者関係論」という講義は設定されていないのであるから,保護者からの苦情や対応する姿勢やスキル・方法を学んできてはいない。したがって,若い教師にとっては,学校に着任してから授業の展開方法,子どもの理解・関係づくり,様々な指導場面でのトラブルや課題と直面しながら,保護者からの苦情・クレームにいかに対処し解決を図るかなどの保護者対応の具体的な知識とスキルを蓄積してクレーム対応の力量を向上させ,教師として成長していくしかない。その意味で,最初の着任校こそ,文字通り全てのことを実践的に経験し,指導・対応スキルを身につけていく第二の「私の大学」である。だからこそ,若い教師は,同じ職場の先輩や仲間,校長・教頭先生方などから多くの助言を受け,相談し,子どもを大切にするとともに,教師集団の一員として参加し,成長していくことが大切なのである。

　保護者からの苦情やクレーム対応で悩み,保護者からの苦情の対応がこじれて問題解決に失敗する先生の多くは,問題を一人で抱え・悩み,職場で孤立する若い教師に多いのである。かつては,希望と情熱に燃え学校現場に着任した初任者教師が数年で退職するのは皆無で,誰もが先輩教師の支援や教師仲間,そして子どもたちとの関わりを通して,さらには保護者たちの温かいまなざしを受けて何とか一人前の教師に成長していった。今,若い教師は周囲の冷たいまなざしと困難な壁に直面し,悩み,精神疾患にかかり,職場で孤立し,そして職場を去っていく。若い教師にとって,クレームの始まりは,たいがい「子どもとの関係づくり」のつまずきからスタートする。保護者からの初めてのクレームは,若い教師にとっては大変ショックであり,厳しいクレームに映る。

　保護者からのクレームは「先生に力がないからですよ」と教師としての誇りを打ちくだき,「私は無力だ」と自責の念や自己否定の感情に追い込んでいく。

　だからこそ,若い教師たちの周りには仲間や先輩がいて,「あなたはがんばっているよ」「教師として自信をもってよ」などと,仲間が支えるからというフォローが必要なのである。若い教師方には職場の仲間とつながって,何とか問題解決の力量を養ってたくましい教師に成長してもらいたいと願わざるを得ない。

⑵ **ストレスの原因は多忙化・保護者意識の変化・職場の人間関係**

　2011（平成23）年,兵庫教育大学が大学創設30年を経て全卒業生を対象に,

「学校に着任し現場で直面した困難な問題は何であったか」について，卒業後の学校現場に関するアンケート調査を実施した。調査では学校現場で「仕事上で困難や克服しなければならなかった問題」は何かという質問項目で最も多い回答は，①保護者への対応 27.8％，②不登校・いじめ・非行など生徒指導上の問題 15.8％，③発達上の課題を抱えた児童・生徒への対応 14.5％，④学級経営上の問題 12.0％，⑤同僚や管理職との関係（職場の人間関係）10.3％，をあげている。新構想大学大学院として各地から入学してきた兵庫教育大学卒業生は全国各地に勤務していることを考えれば，近年は，若手・ベテランに関係なく，小・中・高等学校の校種に関係なく，また，都市部・郡部に関係なく，教師にとって保護者対応問題が全国各地のどの学校においても，最も困難な課題になってきたことがわかる。

　保護者問題，不登校・いじめ・非行問題，同僚や管理職との人間関係等でストレスをため，精神疾患の教員が増加し続けている。文部科学省が毎年末に発表する教員の懲戒処分・分限処分に関する報告書では，その原因として，①校務の多忙化によるストレス，②保護者意識の変化への対応の難しさ，③複雑化する生徒指導，④支え合う職場の風土の希薄化などを指摘し，公式に認めた。

　つまり，要因は生徒・保護者からのクレーム問題が生徒指導問題で複雑化し，さらに職場組織・仲間関係の希薄化が問題解決を遅らせるということである。その直接の影響を受けるのが経験不足で的確な判断に迷い対応が遅れる若手教師ということになるのである。

(3)　保護者との１回目の勝負は参観授業と学級懇談会

　学校に就職した若い教師にとって，初めての保護者の洗礼は年度当初に行われる参観授業と学級懇談会である。保護者は自分の２倍ほどの年齢で，子育て経験や社会的キャリアや母親間の情報ネットワークをもっている母親や，父親も会社での肩書など社会的な経験や常識が豊富な方々である。まずは，保護者も若い教師の「お手並み拝見」といったところで，懇談会での保護者からの質問も教師の学級経営や学習指導などの教育方針，宿題・ノート等の指導についてなど，ジャブ程度で終わってくれる。しかし，５月の連休が明け，授業の進度，教え方，部活動，遠足・宿泊訓練・修学旅行等学校内外で教育活動が本格化するにしたがって，わが子に関する指導のあり方，クラスでの友人関係，友達とのけんかの際の注意の仕方，けがをした際に病院へ連れて行ってくれなか

ったことなど，保護者から問題対応策への不満・配慮不足などの要望や苦情，クレームが出てくる。その要望はだんだん要求に変わり，保護者と信頼関係や良好な人間関係が築けていない場合は，感情的な苦情や理不尽な要求，さらには弁護士を伴う改善要求に発展する。

　ところで，教師は学校で「担任」をするが一体何を「担任」するのであろうか。一つは「授業」の担任であり，二つは「人間」の担任である。教師は授業で専門的な教科の指導担任をし，他方で児童・生徒一人一人の人間の成長・発達の担任をするという重要な役目を担っているのである。役割はわかっているつもりであるが，しかし着任したての教師にとっては，とにかく毎日の授業を他のクラスに遅れずに教科書に沿って「教える」こと，「教科書を消化」することで頭がいっぱいである。しかし，保護者からは「勉強の教え方が遅い」「うちの子どもが授業がわからないと言っている」など勉強の内容はもちろんであるが，「うちの子が仲間外れにあっています」「うちの子がいじめられているようですが」「宿題をしません」「家庭学習の習慣が身につきません」「家でテレビばかり見て読書しません」「隣の子が登校のとき誘ってくれません」「学校行事の諸連絡が遅いので早く出してください」などの要望や苦情が，多方面から毎日，連絡帳や電話で寄せられる。

(4) 保護者から若い教師へのクレームパターン

　それでは，実際にどのような問題で苦情・クレームを受けるのか。

　授業では「○○先生の授業がわからない」「○○先生は特定の生徒（児童）ばかり当てる」「○○先生は特定の生徒（児童）をひいきする」「○○先生の授業では一部の子だけが発言して，先生一人がしゃべっている」「○○先生の学級は教科書の進度が他の学級に比べて遅れている」「○○先生の授業ではわからない」「『わからない子どもは置いてきぼりだ』と子どもが言っている」「○○先生は生徒に質問されても答えられない」「○○先生は授業で嘘を教える」「一部の生徒が騒がしいが注意しない。頼りなく担任として大丈夫だろうか」「○○先生の授業は生徒（児童）が騒がしく，学級崩壊状況だ」などである。

　宿題では「宿題の量が少ない」「○○先生は子どもの宿題を見て返すのが遅い」「○○先生は生徒（児童）の宿題を見ずに，ノートに印鑑を押すだけだ」「○○先生は宿題の量が多すぎる」など。

　生徒指導では「子どもがタバコを吸ったぐらいでどうして停学なのか」「い

じめがあっても，いじめた子をちゃんと注意しない」「子どもがけがをしても親への連絡が遅い」「骨折しているのに，ちゃんと病院に連れて行ってくれない」「行事の連絡が遅い」「顧問の先生が部活動に毎日来ない」「部活で実力があるのにうちの子がどうしてキャプテンに指名されないのか」等々。その他，掃除の際の指導，登下校指導，給食指導などに関する苦情やクレームもある。

　こうして見ると，保護者からのクレームは，学級における授業，生徒指導，学級経営，学校の部活動，進路指導，学校行事，学校の校則・教育方針，参観・懇談，配布物，連絡方法，成績・通知表，家庭訪問，通学路の安全対策，学校の指導の音がうるさい，通学路の商店からのクレーム，学校の近隣・近所からのトラブル等，枚挙に困らないほど学校に関わって苦情・クレームが増加し続ける。

　かつて学校は地域にとっては文教施設であったが，現在では地域の迷惑施設になってしまった。これらは，初めは学校はこうあってほしいという「要望」，次に学校の責任であるという「苦情」，さらに学校の責任領域を超えた対応が困難な「無理難題」，理不尽な「クレーム」と増幅していく。

2．教師はクレーム要求が起こる前提と真意を知っておくこと

(1)　保護者のたまったマグマがクレームになる

　「モンスターペアレント」や「クレーマー」という保護者はいない。この言葉は，学校関係者が学校にとって都合の悪い保護者にレッテルを貼るためにつくった勝手なキャッチフレーズである。子どもに「あなたのお母さんはモンスターですか」と聞いても，「私のお母さんは怪獣ではありません」と答える。当然である。教師が相手にする保護者は「やっつける怪獣」ではなく，あくまでも子どもの教育をするためにともに手を携えて協力する子どもの保護者であり，大切なパートナーである。一部教育団体やマスコミがおもしろおかしく流布する間違った「モンスターペアレント」という言葉は，都合が悪い保護者にレッテルを貼る，教育現場では教育的生産性のない禁句でしかない。

　親は自分の子どもはかわいい。かわいくて仕方がない。したがって，わが子の言動を「鵜呑み」にして，学校の対応に不満や怒りを爆発させ，突然クレーマーになることは日常茶飯事である。教師の指導や対応が悪いと感じたとき，ある瞬間からクレーマーになるのである。日頃は，子ども思いのよき保護者な

のである。今の一定数の保護者は，かつてのように，わが子が学校で叱られると「おまえが悪いことをしたから叱られたんだろう」とは考えないで，わが子が自分に都合よく話す内容を「鵜呑み」にし，「お母さんが先生に言ってやろう」式で怒りの拳を振り上げクレーマーに変身する自子中心主義である。保護者が振り上げた拳は，クレームとなり教師に向けられる。拳はどこかに振り下ろさなければならない。その受け皿が学校，教師なのである。しかし，教師が心得ておかなければならないのは，クレームで怒りだす保護者の多くが，「前から一度，機会があれば学校には文句を言ってやろう」と考えていたり，そしてこれまでマグマとしてたまったストレスを今度こそ学校への攻撃として表してやろうと考えていたりする保護者であるか，あるいは以前にもクレームを言って学校を謝らせた「成功体験」をもつ保護者であったりする。それだけに，「お母さん，それはですね…」式に保護者の苦情の途中で口をはさんで，上から目線で話の腰を折ってしまったり，クレームの内容をじっくりと経過を追って聞いたりすることがなければ，ため込んでいたクレームのマグマの原因や背景はつかめない。とにかく，じっくりと，クレームの裏にある真意をつかまねば，保護者と学校の間の溝は埋まらないし，問題は解決しないのである。

(2) サイレントクレーマーに注意

　大きな声でクレームを言う保護者だけがクレーマーではない。一度苦情を言って「成功体験」を経験した保護者は再度クレーマーになる可能性があるが，苦情を取り上げてもらえなかった保護者は，逆にサイレントクレーマーとしてマグマをためることになる。一般商店の場合は，苦情を言わないが二度とその店で買い物をしなくなる。学校の場合は，その学年が終わるまでか卒業までは「仕方なく我慢しようか」となり，かえって問題が潜在化することになる。アメリカのある調査によると，一般の商店の場合だが，クレームがあるときに，申し出る人4％，申し出ずに二度と来ない人87％，黙って仕方なく我慢する人9％ということである。保護者でクレームを申し出る4％の背後には，申し出ない保護者87％，黙って仕方なく我慢する保護者9％が存在するということを忘れてはいけない。

(3) 学校へのクレームは子どもと保護者というダブルスタンダード

　一般のクレームは，大人が直接商店の店員や店主にクレームを言うが，学校の場合は教師の指導を受けた子ども自身がクレームを言うのではなく，その保

護者である親がわが子の言うことを「鵜呑み」にして学校へクレームを言うダブルスタンダードの構造になっていることが大きな違いである。もちろん，学校であった指導に満足していない子ども自身が親に言い，母子分離ができていない親がそれを「鵜呑み」にして学校へやって来るのである。それだけに問題の解決を複雑にする。つまり，問題解決を子どもの視点で行うのか，大人どうしの問題として扱うのかの視点を間違えると，問題を複雑化させてしまうことになる。大人どうしの目線で話を進めると，謝れ・謝らないという言葉尻をつかんだ口げんかになり，メンツが先行する。そうではなく，この件について「子どもはどう思っているのか」「子どもはどうしてほしいと言っているのか」「どうすればいちばん子どものためになるのか」という教育的視点を最優先に位置づけて話を進めていくことである。

(4) 一年に数回しか会わない保護者が，見てきたようにクレームを言うのか

　保護者と学校のコミュニケーションギャップの実態に関するリアルなアンケート調査結果（住宅関連会社ネクスト調査，教員850人，保護者850人，2007年調査）がある。

　学校側が保護者と「あまりコミュニケーションが取れていない」という質問で，小学校側では教師の13％が感じているのに対し，保護者は56％と4倍も感じている。同じく教師が「全くコミュニケーションが取れていない」と1％が感じている場合，保護者は26％と26倍も感じている。次に，中学校の場合も「あまりコミュニケーションが取れていない」という質問に，教師は22％が感じているのに対し，保護者は66％と3倍も感じている。教師が「全くコミュニケーションが取れていない」と2％が感じているのに対し，保護者は25％と10倍も感じている。つまり，教師が保護者とコミュニケーションが取れていないなと思っている場合，保護者はその何倍も教師とコミュニケーションが取れていないと実感しているのである。したがって，教師側から保護者への日常的な「お知らせ」や「たより」，すばやい「連絡」「報告」「家庭訪問」等を通した双方向でのコミュニケーションや話し合いなどの交流や，子どもについての情報を共有し，信頼関係をつくることがいかに大切であることかを物語っている。

3．教師を困らせる保護者のタイプ

　教師にクレームを言う保護者には潜在的に五つのタイプがある。

①学校依存型の保護者タイプ

「朝，起きても歯磨きしません，先生指導してやってください」など，家でするべきしつけなど家庭教育の不備を教師に求めてくる保護者。したがって，教師が給食指導で「何でも残さずに食べなさい」と指導すると逆ギレして，担任教師に「家では食べさせていないのに」と苦情を言ってくる保護者のタイプである。

②わが子中心型の保護者タイプ

気の合う保護者どうしで「今日学校へモンスターしてきた」とファミリーレストランで昼食をとりながら学校や担任教師への不満，学校の噂話で盛り上がり，担任教師の棚卸に花を咲かせ，教師の指導が気に入らないと日頃から親どうしで行ってきた情報交換をもとに，わが子中心に都合のよい苦情を言ってくるタイプの保護者である。

③養育放棄型の保護者タイプ

朝，生徒が学校へ登校しないので家庭訪問してみると，母親が夜勤帰りで子どもと母親も一緒に寝ている家庭や，朝食を作ってもらえないので朝ごはん抜きで登校した子どもなど，親の養育が不十分な家庭で，学校からの日頃の連絡事項にも目が行き届かず，逆に連絡不足だと不満を言ってくるタイプである。

④学校への小言型の保護者タイプ

学級委員やPTA役員の経験が豊富で，学校の管理職や教師とも親しく，学校の内部情報をよく知っており，上から目線で若手の教師を品定めする高学歴のやりにくいインテリタイプの保護者である。行事の連絡が遅かったり，教科の学習進度が遅かったりすると，校長・教頭先生などにじんわりと嫌味を言ったり，「大丈夫ですか」と釘を刺したりする保護者である。

⑤クレーマー型の保護者タイプ

入学当初から常に学校へ不満やクレームを言うタイプ。常連型でクレームの成功体験に味を占めているので，日頃からの連絡を早くし，連絡も密にする必要のある要注意の保護者である。

4．保護者対応の実際と対応のポイント

(1) ロールプレイの例（学級文集回収要求）

① 改善前の対応
担任　「お寒い中ご苦労様です。担任の古川です。どんなご用件でしょうか。」
　　　「予約もなく，突然お見えになるとは，お子さんに何かありましたか。」
保護者「うちの子が持って帰ってきた，先生がお作りになった学級文集を回収してほしいのです。」
担任　「それは，突然で無理な注文ですね。もうクラスの子全員のご家庭に配布してしまいましたが。」
保護者「先生は，文集の内容について何もお気づきになりませんでしたか。」
担任　「文集の内容に何か問題でもあるというのでしょうか。」
　　　「はい，4年生のクラスが解散になるので，記念に子どもたちが一生懸命思い出の文集として作製しましたが…。」
保護者「文集の中に，B君が『A君の家でゲームをしていたら，A君のおばちゃんから早く帰りなさいと怒られた。ヒステリーな怖いおばちゃんやった』と書いた作文が掲載されています。人権侵害です，私はそんな母親ではありません。至急に回収してください。」
　　　「クラスのお母さん方が噂をしています。担任として何も知らないのですか。」
　　　「学級文集を回収してもらえないなら，教育委員会へ人権侵害として訴えますよ。それでもいいですね。」
　　　「担任としても指導責任がありますよ。校長先生にもお話させてもらいます。」
担任　「お母さん，ちょっと待ってください。私に何の責任があるのですか。」
保護者「担任として指導責任を認めないのですか。これは人権問題ですよ。」
　　　「それでは，校長先生をここへ呼んでください。」
担任　「今日は校長先生は教育委員会へ出張です。」
保護者「それでは，いつ，お会いできますか。」
担任　「ちょっと待ってください。お母さんの回収せよという要求は一方的ですね。もう，各家庭に配り終わりましたよ。」
保護者「担任の先生に，反省して聞く姿勢が見えないからですよ。」
　　　「何もおわかりないのでしたら，クラスの保護者からお聞きください。」
担任　「わかりました。クラスで調査します。そのうえで，またお会いいたしましょう。」
保護者「またとは，いつお会いするんですか。」

担任　「親たちの噂を確かめてから，ご連絡いたします。」
保護者「今日は月曜日です，金曜日は４年生最後の修了式ですから，文集を回収するには木曜日中にすませてください，いいですね。」
担任　「ちょっと待ってください，明日校長先生にも相談しなければなりません。そんなに早くできません。」
保護者「ことは人権侵害ですよ。真剣に取り組んでいただけないなら，さらに上に相談することになりますよ。」
　　　（席を立って退室する）

②改善後の対応
担任　「お寒い中よくいらっしゃいました。ご苦労様です。担任の古川です。突然お見えになるとは，お子さんに何かご心配なことでも起きましたでしょうか。この後職員会議が予定されていまして十分に時間が取れないかもしれませんが，時間の許す限りお話をお聞かせください。」
保護者「うちの子がいつもお世話になっております。」
担任　「いえ，A君は活発でいつもクラスの人気者です。サッカーをするときなども中心選手です。いつも安心して見ています。ときたま，いたずらをしますが，本当に１年間クラスのまとめ役としてがんばってくれました。今度５年生になるのを楽しみに期待しています。」
保護者「実は，うちの子が持って帰ってきた，先生がお作りになった学級文集を回収してほしいのです。」
担任　「それは，突然で難しい注文ですね。もうクラスの子全員のご家庭に配布してしまいましたが。」
保護者「先生は，文集の内容について何もお気づきになりませんでしたか。」
担任　「文集の内容に何か問題でもありましたでしょうか。」
　　　「文集は子どもたちの発案で，４年生のクラスが解散になるので，記念に子どもたちが一生懸命思い出の文集として作製しましたが…。」
保護者「文集の中に，B君が『A君の家でゲームをしていたら，A君のおばちゃんから早く帰りなさいと怒られた。ヒステリーな怖いおばちゃんやった』と書いた作文が掲載されています。」「子どもたちはよく私の家の２階で集まってゲームをしています。夕方，私が仕事から帰ってきて『もう遅いから帰りなさい』と言うことはありますが…。」
　　　「人権侵害です，私はそんな母親ではありません。クラス中にそんな誤解が広がったら人権問題です。迷惑です。至急に回収してください。」
　　　「クラスのお母さん方が噂をしています。担任として何も知らないのですか。」
担任　「はい，このお別れ文集は，子どもたちが４年生の１年間の楽しかったク

12章　若い先生の保護者対応力の育成とスキルアップ　　157

　　　　　ラスの思い出を文集に残そうと，力を合わせて作った記念文集です。A
　　　　　君自身も子どもたちも，完成を大変喜んでいましたよ。」
　　　　「しかし，お母さんがそうおっしゃるのですから，文章の中身を調査し，
　　　　　早速検討させていただきます。」
保護者「そうしてください。」
担任　「ところで，お母さんはこの文集の件に関しまして，何かご存知の範囲で
　　　　　結構なのですが，お聞かせいただくことは可能ですか。担任といえども，
　　　　　私も知らない状態でしたから。」
保護者「先生は本当にご存じないのですか。家の子どもが『お母さんの悪口が書
　　　　　かれているよ』と言っていました。」
担任　「それでは，早速この件について調査し，お返事させていただきます。」
保護者「問題が大きくなれば，先生も人権問題の当事者として問題になります
　　　　よ。」「何もおわかりないのでしたら，クラスの保護者からお聞きくださ
　　　　い。」
担任　「お母さん，そんなにいじめないでくださいよ。私はお母さんと一緒に前
　　　　　向きに取り組むと言っているのです。ぜひ，お母さんのお力をお借りし
　　　　　たいのです。」
　　　　「ところで，お母さんは現実に作文のことでどなたかにお聞きになりまし
　　　　たか。」
保護者「今，詳細は申し上げられませんが，確かな情報があれば報告させてもら
　　　　います。」
　　　　「先生，文集回収までにどれくらいの時間がかかりますか。」
担任　「本日校長はあいにく出張で不在です。明日の火曜日に学年主任をも交え
　　　　　対応策について慎重に話し合ったうえで，後日ご報告いたします。」
保護者「金曜日は4年生最後の修了式です。ことは人権問題ですよ。少し悠長す
　　　　ぎませんか。」
担任　「はい，よくわかります。確かにそのように取られるかもしれませんが，
　　　　　しかし，これは人権問題になるかもしれませんので，あわてて対応する
　　　　　よりも，多少の時間がかかっても正確な事実確認が必要ではないでしょ
　　　　　うか。」「いかがですか，お母さんのお考えは。」
保護者「担任の先生がそうおっしゃるのなら，それで結構です。」
担任　「この件ではお母さんのお気持ち同様，大切なのは教師より自分たちでお
　　　　　別れ文集を作った子どもたちの達成感・満足感などの気持ちです。ご理
　　　　　解いただけますね。」
保護者「もちろん，そうです。」「よろしく，お願いします。担任の先生に一任し
　　　　ます。」
担任　「迷惑がかからないようご連絡したいのですが，連絡方法などはどのよう

にいたしましょう。」
　　　　「家庭訪問させていただきますと，ご近所の保護者の目もあり，かえって
　　　　ご迷惑をおかけいたしますので，再度学校へ来ていただき，校長先生を
　　　　交えてお話し合いをさせていただくということではいかがでしょうか。」
保護者「結構です。自宅までお電話ください。」
担任　「ご連絡申し上げる時間は，何時頃がよろしいでしょうか。」
保護者「夜の9時頃にお願いします。」
担任　「お母様の情報提供に感謝申し上げます。子どもたちにとって4年1組を
　　　　いい思い出のクラスで終わらせてやりたいと考えています。そのため，
　　　　お母様方のご協力をお願いすることもあるかと思います。そのときは最
　　　　後までよろしくお願い申し上げます。本日はお忙しい中，ありがとうご
　　　　ざいました。」

(2) ロールプレイ改善前と改善後の比較と対応のポイント

①保護者は，感情的に学校にやって来るが，本音は穏便に解決したいと思って来ているので，「お聞きしてもよろしいでしょうか」という姿勢が大切。

②「どんなご相談かわかりませんが，お時間を十分にとれないかもしれませんが時間の許す限り」と精いっぱい受け止めるという姿勢を示す。

③まず，保護者にA君の日頃の具体的な姿やよさを伝え，担任が常にA君を温かく見守り指導している姿勢を示すことで，好印象と安心感を与える。

④「問題があれば解決に向けて真剣に取り組みますよ」と解決への姿勢を示す。保護者は「苦情」→「問題解決」→「対策」→「約束」を求めているので，担任のこの一言を聞き安心する。しかし，状況が把握できていないので「学級文集は回収します」と安易な約束は独断で発言しないこと。

⑤「わかりました」は，保護者を否定せず受け入れるというきっかけの言葉になる。

⑥「情報不足で申し訳ありません」と謝罪を入れ，非を認めるのではなく「知らない」と情報不足をわびるにとどめる。

⑦「ところで，知る範囲でよろしいのですが，お聞かせいただくことはできますか」と言えば，対立から協力者としてともに解決への流れができる。

⑧「よくわかります」と肯定すれば，保護者は担任に受け入れられたと思うとともに，共感を覚え，お互いの距離を縮めることができる。

⑨「ぜひ，お母さんの力もお借りしたいのですが」という言葉は一気に距離を

縮め，相手を巻き込むことができる。
⑩「いかがですか，お母さんのお考えは」「ご判断いただきたいのです」「大切なのは子どもです」は，問題の解決は保護者と学校が協力しないと解決できないことを強調し，子どもを中心にした解決が目的であること，そのためには保護者の協力が必要であることを理解してもらう。

(本節は，関根眞一著『なぜか怒られる人の話し方　許される人の話し方』(青春出版)を参考にした。)

(3) 対応の心がまえとポイント

　保護者の話をクレームとして，腕組みしてかたい表情で「無理難題」としてかまえると，最初から「対決関係」になる。保護者の子どもに関する話を親身になって相談にのる。「何とかお役に立とう」という気持ちで話を聞く。「そのようなことがあったのですか」「本当にお困りですね。何か改善策を考えましょう」という教師の柔軟でしなやかな声かけと姿勢で臨む。
　対応の心がまえとして幾つかあげてみる。
① 「保護者の期待の数だけクレームがある」と考えること。「また，保護者からの苦情だ」と考えないこと。企業では「クレームは宝の山」と考え，新製品開発のヒントにしている。クレームは保護者の期待の裏返しであるとともに，指導改善に生かすヒントがあると考え，前向きに対応すること。
② 教師は前さばきがへたで，指し手争いに負ける。クレームを言ってきた保護者から一方的に組まれてしまいがちだ。決して「がっぷり四つ」に組まないこと。保護者は感情的に理不尽な要求をもってきて，即断・即決，おわび，対策を要求するが，担任一人で，その場で苦し紛れにできもしない約束を安易にし，相手側の思い通りにズルズルと押し切られると，後で一人悩むことになる。「できること」「できないこと」「校長と相談しなければ回答できない」「回答には会議に諮る時間が必要である」などをはっきりと言い，そのほうが，問題のよい解決方法になると説明し，同意を得ること。
③ 教師は，教育相談同様，「十分傾聴」したうえで話せば保護者はわかってくれると思っているが，クレーマーはあらかじめ明確な改善やわびを求めて要求をもって来るので，要求が実現するまで約束や対応策を要求し続ける。長丁場の対応が必要であると「腹がまえ」し，苦しまぎれのその場を繕う対応はせず，「腰をすえて」譲歩できる対案も準備して対応すること。
④ 事案に対して校内関係者の「ケース会議」を開催し，組織的に対応すること。

担任個人で早計に判断し返事をしないこと。後で自分の首をしめ，悩むことになる。

⑤クレーム対応は「おっくう」だと考え，逃げ腰で対応しないこと。<u>クレームは逃げると</u>追いかけてくる。また，保護者に「問題を隠そうとしているな」という印象を与えないこと。さらに，保護者に「どうしたらいいでしょう」はタブーである。「教師の責任感のなさ」と「主体的に解決する姿勢がない」と疑われる。

⑥保護者に「学校は親が言わないと対応しない」と思わせないこと。保護者は次に「知り合いの市会議員さんに言おうか」「教育委員会に言うぞ」「マスコミに言おうか」とクレーム対応の三種の神器をもち出し，問題を子どもの問題から大人の世界の問題に複雑にするだけであるから，あくまで子どもの教育の問題として，保護者と学校の間で力を合わせて問題の解決を図る姿勢で臨むことが重要である。

(4) 保護者対応の三原則
①常識的な時間帯であらかじめ面接時間も限ること。
②管理職を含む複数教員で対応すること（記録係を置くこと）。
③場所は校内校長室や会議室など公的空間に限ること。教室で担任一人で面談しないこと。教室は密室空間になり，精神的安易さから後で「言った」「言わない」のトラブルのもとになり，問題解決がこじれる原因になる。

(5) 保護者対応のポイント
①初期対応
　（お詫び）　非があれば素直に謝罪する。
　（断り）　ご希望に沿えず，誠に申し訳ございません。
　（誤解）　説明不足でみなさまにご迷惑をおかけし申し訳ございません。
　（拝聴）　相手の話は感情を抑えて素直に聞く。相づちはやや低めで「はい」「いいえ」，語尾を下げて発音する。相手の目を見て話す。
　（対応）　あわてずクレームの真意を読み，冷静に説明する（弁解がましく説明しない）。

②事実確認・保護者面談
　（直接面談）　長時間の電話やこみいった内容は連絡ノートでやりとりせず，直接面談し，笑顔で話し合う。

（正確な記録）　面談場面の場合は正確な記録（5W1H）。可能なら録音もとる。
　（打ち合わせ）　事前打ち合わせで，聞き役・調整役等役割分担の周到な準備をする。
　（姿勢・態度）　教師然とした態度や上から目線的な話し方等は避けること。<u>保護者は「言葉尻」で怒り出す</u>（上から目線の態度やため口の話し方は厳禁）
　（感謝の言葉）　「このたびは貴重なご意見をいただき，誠にありがとうございました。」
　（代案提示）　「恐縮ですがアルバムの作り直しはできかねますが，代わりにお子様の大きなスナップ写真をつけさせていただきますので<u>ご了承いただけますか。</u>」
③早期対応・組織的対応
　（接遇態度）　「すぐにいらしてください」というホスピタリティの対応を。
　（報・連・相）　学年の同僚教師，管理職へ速やかな報告と連絡と相談を。
　（複数対応）　学年の同僚教師・生徒指導・カウンセラー・養護教諭・管理職等，複数で早期対応をする。
　（ケース会議）　校務に関係なく関係教員による「ケース会議」を立ち上げる。スクールソーシャルワーカーがいれば参加してもらうなどの学校文化の構築をする。
④けが・事故の連絡と立ち会い
　（かかりつけ医院）　けが・事故で緊急に医療機関に行く場合，かかりつけ医院でなく救急病院へ搬送することの了解を保護者から得ること。
　（保護者の立ち会い）緊急にレントゲン撮影（放射線）や検査，手術等が必要な場合，保護者の同意が必要になるので，保護者には病院へ立ち会ってくれるよう求めること。
⑤関係・専門機関との連携・相談
　（教育委員会への通告）保護者が教育委員会へ通告しそうな場合，あらかじめ教育委員会等関係機関へ事前連絡し，了知してもらい，助言・支援をもらう。
　（専門機関の利用）　保護者が裁判所に訴えることがあるので，法テラス

(NPO），教育委員会の顧問弁護士，警察へ相談すること。

(5) クレーム対応のさしすせそ
- （さ）　最初が肝心　　ボタンのかけ違いから事案がトラブルに発展することがある。
- （し）　しっかり傾聴　十分に時間を取り，要求を聴き，背後の真意を読む。
- （す）　すばやく対応　ズルズルと対応と回答を遅らせない。
- （せ）　正確な記録　　「言った，言わない」の事実誤認から問題がこじれる。
- （そ）　組織で対応　　一人で抱え込み，悩み，職場で孤立しないようにする。

5．おわりに

　若い教師を迎える学校現場では，今「大量退職・大量採用の時代」を迎え，若い教師たちには，学校の教育力向上，即戦力としての力が求められている。

　即戦力を求める教育行政・学校現場の要求に応じて，初任者教師のうち大学卒業生と非常勤講師（大学卒業後現場経験した者）の割合は，文部科学省平成10年度の学校教員統計調査中間報告によると右の表の通りである。

	大学卒業生	非常勤講師
小学校	6,403	6,730
中学校	3,009	4,361
高校	1,181	2,546

　また，初任者教師の1年以内の退職者数も平成21年度は317人（6年前の3倍）で，依願退職302人（精神疾患83人，指導力不足29人）と増加している。ベテラン教師が多数退職し，若い先生方が大量採用される時代を迎えた。学校が若い先生方の教師集団としてチームで学び合い，教え合い，支え合う場として構築していかなければならない時代を迎えた。

　クレーム対応に関する全国の先生方へのわれわれの調査でも，9割の教員が今後も保護者からの理不尽な要求は増え続け，病気休職者・精神疾患者も増加し続けると考え，職場の現状や学校と保護者との関係づくりなどでは明日の教育に暗い展望しかもてず，8割の現職教員が，教員になる学生にはあらかじめ大学で保護者問題について学ばせておくべきだと考えているなど，今後若い教師を支援していくべき課題は多い。

　東京都新宿区の自死問題をはじめ，各地の新任教師の自殺事件について公務災害申請に努力する川人博弁護士は，若い先生方の悩みについて，「直接的な引き金は保護者の理不尽な言動ではあるんだけれども，学校全体として受け止めて，管理体制を組む必要がある。校長や副校長，生活指導の先生たちが一緒

になって理不尽な（要求を）言う保護者に，どのように対応していくのが適切かを考えるべきだと思う。（現在の学校では）そういうことが機能していないのです。学校側の管理職，教育委員会がどれだけきっちりと対応するかが問われている」と，若い教師を育て支える管理職の姿勢，学校体制のあり方や教育委員会の姿勢に問題提起をしている。教育者としてこうした指摘を心にとどめ，学校と保護者との良好な関係づくりに努めたい。

〈参考文献〉
小野田正利著（2009）『ストップ！　自子チュウ』旬報社
新保真紀子著（2001）『「小1プロブレム」に挑戦する』明治図書出版
関根眞一著（2011）『なぜか怒られる人の話し方　許される人の話し方』青春出版社
多賀幹子著（2008）『親たちの暴走』朝日新聞出版
久冨善之・佐藤博　著（2010）『新採教師はなぜ追いつめられたのか』高文研
山脇由貴子著（2008）『モンスターペアレントの正体』中央法規出版
小林正幸・有村久春・青山洋子編著（2004）『保護者との関係に困った教師のために』ぎょうせい

コラム⑦

面接は最初が肝心

　保護者と気持ちよく会うための，最初のコツを以下に紹介したい。
◆部屋の入り口まで迎えに出よう
　　本来保護者は，教師にとって子どもサポートのパートナーになってほしい相手である。だから来てくれたことをねぎらい，歓迎の気持ちを示したい。
◆教師は，後ろに窓がない位置に座ろう
　　教師が窓を背にして座ってしまうと，教師の表情が保護者から逆光になり，表情がわかりにくいだけでなく，まぶしさから不快な気持ちにもなる。また，窓の外の風景の動きが目に入るため，落ち着かない。
◆保護者と教師は机の角をはさんで90度の位置に座ろう
　　90度は，親しみを感じさせる位置である。右側（多くの人にとっての利き手側）に教師がいるのは，保護者にとって落ち着きやすい位置である。
◆話の最初は，子どもの最近の肯定的なエピソードから入ろう
　　子どものがんばっている姿や成長の様子などを具体的に話すことは，子どもをちゃんと見てサポートしている学校の姿勢を伝えることになる。

13章　職場の人間関係と仲間づくり

岡山大学　淵上克義

1．教師が誇りをもちながら，仕事に専念できる職場環境の必要性

　一般に教師の仕事の中身と彼ら自身の職務意欲の関係を検討した研究結果を見てみると，教師は自らの仕事に対して，高い職務意欲をもちながら取り組んでいる仕事と，本来は自分たちがやる必要はないと感じているようなあいまいな仕事があると認識している（淵上，2010）。例えば，中学校教師を対象とした研究結果をまとめた表1では，教師にとって動機づけの低いあいまいな仕事の構造が明らかになっている。これら動機づけの低いあいまいな仕事の中でも，特に大きな割合を占めているのが学校外への対応や保護者との関係など保護者との関わりに関するものがあげられる（高木，2006）。この高木による研究結果では，このようなあいまいな仕事を行うことが，教師に負担感や多忙感を引き起こしていることも世代や性別に関係なく確かめられており，特に女性教師にこのような認識の強いことが確かめられている。

　子どもにわかりやすい授業を行いたい，そのために十分な教材研究をしたい，子どもとコミュニケーションをとる時間がほしいなど，教師本来の仕事は，たとえ

表1　教師にとって動機づけの低いあいまいな仕事

①学校外への対応
・親ができないようなしつけに学校が対応すること
・本来は家庭で行うべき生徒の私生活の指導
・苦情だけ学校に寄せる地域への対応
・現場とかけ離れた教育委員会やPTAからの要請への対応
・直接学校と関係ないことで地域への義理立て
・地域で生徒が起こしたトラブル（万引きなど）への対応
②部活動
・部活動の顧問になるなどの負担
・土・日など勤務時間外の部活指導
・宿泊を伴う部活遠征などの引率
③研修
・あまり必要性を感じない研修への参加
・行政研修への参加
・学校が忙しいときに参加させられる研修
④学校外生徒指導
・土曜市・お祭り等の際に行う地域巡回
・勤務時間外の地区懇談会やPTAへの参加
・教師が親へ要請する校外の生徒指導
⑤保護者との困難な関係
・集団場面で勝手な主張をする親への対応
・遅刻防止や無断外出防止に校門で指導を行うこと
・親の理解がない不登校生徒の家庭訪問

（高木（2006）より）

多忙であったとしても充実感を伴うものと考えられる。けれども，あいまいな仕事を行うことによるやりがいのない多忙感が，教師の職務意欲を低下させるだけでなく，彼らの教職という仕事に対する誇りを奪い取り，彼ら自身を追いつめることになるのも容易に推測できる。

　このような教師の職務意欲の低い仕事，とりわけ保護者対応や学校外への対応については，教師が周りの同僚教師と協力できる，または管理職や学校組織が守ってくれると教師自身が感じられることが重要であると近年指摘されるようになってきた（淵上，2005）。この管理職や学校組織から守られているという意識があってはじめて，教師本来の仕事である授業活動や学級活動にも専念できる。したがって，適切な保護者対応を行い，教師が誇りをもって日々の職務に専念できる職場環境づくりのために，学校の組織体制のあり方が重要になる。この組織体制のあり方については，教師どうしの横の連携による仲間づくりを通した教師集団づくりに注目する視点と，保護者に対する管理職の姿勢やリーダーシップに焦点を当てることが必要である。そこで，本章では保護者のクレームに対する組織的対応という観点から，仲間づくりや協働を通した教師集団のあり方と，それに伴う管理職のあり方について見てみよう。

2．保護者のクレームへの組織的対応

(1) 仲間づくりを基盤とした協働的教師集団の形成

　協働的な職場とは，どのような特徴をもっているのであろうか。まず第一に協働的な雰囲気が生まれるためには，そこで仕事に従事している成員どうしの信頼関係の構築が前提となる（淵上，2012a）。信頼関係はある日突如として成立するのではなく，日々のコミュニケーションから生まれ，蓄積されていくものである。日頃の教育活動や分掌活動など仕事に直接関係することだけでなく，雑談や愚痴など様々なコミュニケーションを通して人間関係が形成される。そして，信頼関係を深めていく際には，お互いの仕事ぶりを認め合い，励まし合うなど肯定的なコミュニケーションを通して他者を受容する姿勢が前提となるだろう。このような信頼関係を基盤としながら，仕事に関して自由に意見交換ができる雰囲気や仕事上の悩みなどを打ち明けても受け入れてもらえる雰囲気が醸成されるようになる。この信頼関係を基盤とした他者に対する開放的な雰囲気は，人間関係において「支え，支えられる」という互恵的関係を導く。そ

して教師が自らの職場における互恵的な関係を認識するようになると，仕事に対する充実感だけでなく心身ともに余裕やゆとりを感じるに違いない。

　この支えるという対人的な支援行動はソーシャルサポートと呼ばれており，それらは①愛情や共感などを表明する情緒的なサポート，②物的ないしは精神的なサービスを提供する道具的サポート，③本人の周囲の環境などの情報提供や評価に関わる情報・評価的サポート，などに分類される。①の具体的な行動としては，他者の悩みや心配事を共感的に聴く，他者に積極的に関わるなどであり，②は疲れている他者の仕事の一部を肩代わりをしてあげるなどがあげられる。そして③は他者の必要としている情報や知識を教えてあげるような行動に相当する。最近の研究では，管理職や同僚教師によるソーシャルサポートの提供の強さが，教師のストレス認知やバーンアウト低減に効果をもたらすことが見いだされている（貝川，2009：迫田・田中・淵上，2004：宮下，2008）。関連して，教師どうしが互いに助け合い，支え合うような職場のもつ雰囲気など学校組織の特徴も効果をもつことがわかっている。すなわち，互いに協力し合う職場の雰囲気が，教師の「いざというときには周囲の援助が期待できるので，自分はまだやれそうだ」という自己効力感に肯定的な影響をもたらし，結果として教師のバーンアウト傾向の一つである個人的な達成感の低下を抑制することを見いだした研究も見られる（淵上，2005：貝川，2009：岡安，2006）。

　一般に，教師の仕事の特徴は「個業」と呼ばれており，自己完結的度合いが高い。したがって，教科指導や学級経営だけでなく，生徒指導や保護者対応などの仕事に関する悩みや不安を一人で抱えがちであり，その際に，校内の人間関係が本音や愚痴を言えるような関係や互いに支え合えるような協働的な人間関係であれば，救われる教師も数多くいることが推測される。

　次にサポート関係が恒常化すると，教師が自分一人で仕事全般に関する様々な悩みを抱えることがないように，日頃から教師どうしが本音で語り合うことにより，教師集団内において，互いに支え合い信頼できる人間関係が形成されるようになる。そしてこのような人間関係づくりを目的としたものは，職場における教師の仲間づくり（ピアサポート）と呼ばれている。この日頃のコミュニケーションを通した信頼できる人間関係づくりは，学校組織の人間関係の基礎となるもので，授業実践における同僚性の形成や学校組織の活動遂行に関わる協働的な関係を進めていくうえでも欠かせないものである。また，このよう

な仲間づくりを進めていく際に，配慮すべき点についても検討されている（淵上，2010）。それらは図1に示しているように，自分自身と他者による積極的かつ肯定的・受容的な感情や態度が基礎となり，互いに抱えている問題を共有したり助け合おうとしたりするコミュニケーションが展開されることが大切である。そして，意見の対立や役割・立場を越えて同じ学校組織の教職員であるという関係を形成していくことが重要となる。

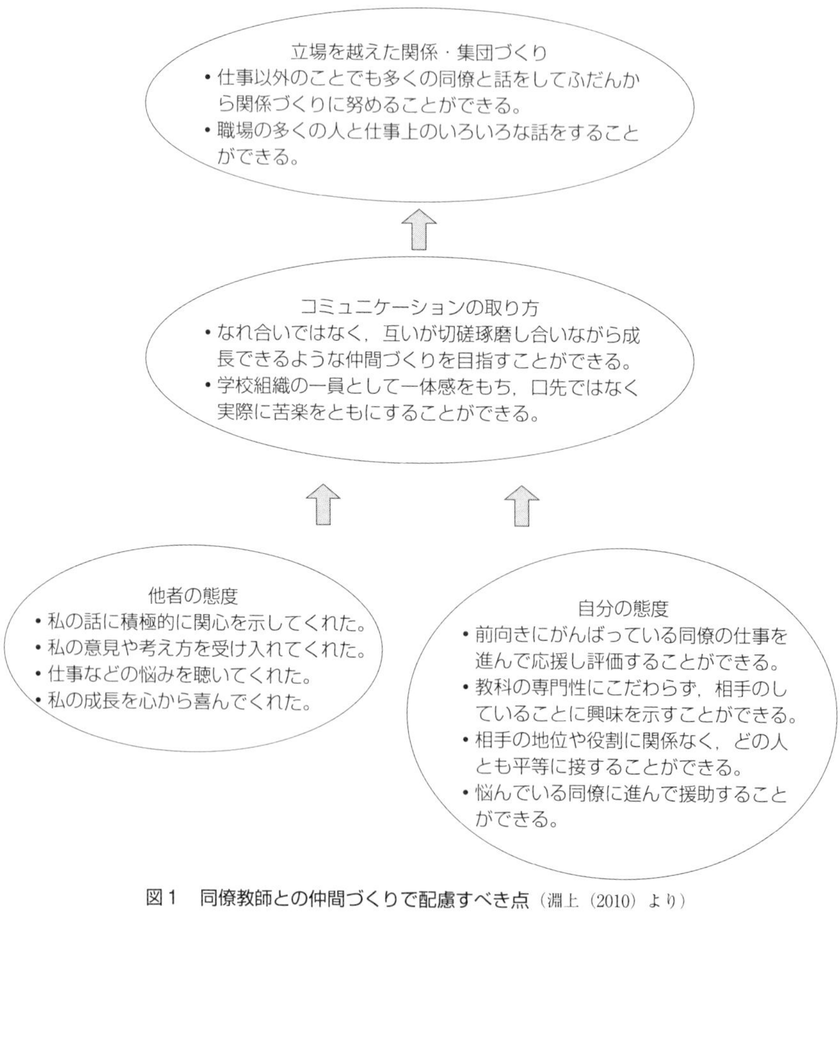

立場を越えた関係・集団づくり
- 仕事以外のことでも多くの同僚と話をしてふだんから関係づくりに努めることができる。
- 職場の多くの人と仕事上のいろいろな話をすることができる。

↑

コミュニケーションの取り方
- なれ合いではなく，互いが切磋琢磨し合いながら成長できるような仲間づくりを目指すことができる。
- 学校組織の一員として一体感をもち，口先ではなく実際に苦楽をともにすることができる。

↑　↑

他者の態度
- 私の話に積極的に関心を示してくれた。
- 私の意見や考え方を受け入れてくれた。
- 仕事などの悩みを聴いてくれた。
- 私の成長を心から喜んでくれた。

自分の態度
- 前向きにがんばっている同僚の仕事を進んで応援し評価することができる。
- 教科の専門性にこだわらず，相手のしていることに興味を示すことができる。
- 相手の地位や役割に関係なく，どの人とも平等に接することができる。
- 悩んでいる同僚に進んで援助することができる。

図1　同僚教師との仲間づくりで配慮すべき点（淵上（2010）より）

やがて，このような仲間づくり関係を基盤とした協働的な関係は対人レベルにとどまらずに，集団レベルにおいて「たとえ校内で何らかの問題が発生したとしても，私たちはお互いに協力し合いながら問題を解決することができる」という，集団成員に共有された信念や確信が形成されるようになる。これは集団効力感と呼ばれており，集団で活動する際の心的準備状態として重要であり，ある特定の課題遂行に対する集団効力感は，実際の集団活動の結果に影響を及ぼすことが多くの研究で明らかにされている。このような教師集団の効力感に関する実証的研究（淵上，2009b）によれば，教師集団の効力感は図2に示しているように，①組織活動・校務分掌に関する効力感，②教育目標・教科指導に関する効力感，③生徒指導に関する効力感，の三つから構成されていることがわかっている。このことに関連して，最近では小学校と中学校の学校単位の分析において，仲間づくりを基礎とした校務分掌などの組織活動に対する協働性認識の高い学校における教師は，協働性認識の低い学校に比べて，教師という職業に対する充実感や誇りが高いことが見いだされている（杉本・淵上，未発表）。この結果は，組織活動に対する協働性が高いと見られている学校における教師が教職に対する充実感や誇りを抱きやすいことを示しており，まさに教師が意欲をもって授業や学級経営に取り組むことができる環境づくりに，組織活動における協働性が重要な働きをもっていることがうかがえる。

- 本校の教師集団は，みな協力的で助け合っている。
- 本校の教師集団は，学校行事には，よくまとまることができる。
- 本校の教師集団は，各分掌の内容を把握している。
- 本校の教師集団は，管理職と教師がお互いに協力し合えるような職場の雰囲気づくりに努力している。
- 本校の教師集団は，学校で問題が起こったとき一致団結して問題を解決できるように動くことができる。

組織活動・校務分掌に関する効力感

- 本校の教師集団は，生徒に基礎学力を十分身につけさせることができる。
- 本校の教師集団は，十分な知識や教養をもって授業を行うことができる。
- 本校の教師集団は，教育目標をしっかりと理解している。

教育目標・教科指導に関する効力感

- 本校の教師集団は，生徒の学習状況，悩み，要求，生活状況などを適切に理解できる。
- 本校の教師集団は，授業中に生徒が騒いだり，授業の妨害をしたときすばやく対処できる。

生徒指導に関する効力感

図2　教師集団の効力感の三つの構造について（淵上（2009b）より）

以上のように，教師どうしによるコミュニケーション活動や仲間意識の向上が基礎となり，それらを基盤としながら集団効力感の高い協働的な教師集団が形成されることによって，教師が誇りをもちながら，仕事に専念できる職場環境が形成されることが理解できる。

3．保護者対応に対する管理職の姿勢とリーダーシップ

　保護者対応においては，学校組織のリーダーである校長や教頭の姿勢も重要である。この点に関連して，例えば Hoy & Sabo（1998）は小学校や中学校において健康的な学校風土は，以下の六つの要因から構成されていることを実証的に明らかにしている。それら六つの要因は，①学業を重視した学習環境が成立していること，②生徒や同僚，学校への教師の愛着が高いこと，③校長が教師全員を平等に取り扱い信頼しており，支持的・同僚的なリーダーシップを発揮していること，④資源のサポート（教室内での設備や教材が十分に与えられており，必要な場合はすぐ補充できること）が十分になされていること，⑤校長による肯定的な影響力が発揮されていること，⑥制度的統合性（教師がコミュニティーや保護者による不合理・過大な要求から保護されている）が保たれていること，である。この⑥の要因は教師が学校組織から守られていると感じることであり，このような感覚が学校の健康的な風土と関連していることを示している。そしてそのためには，学校を守るという学校のリーダーである管理職の姿勢が重要であることを示唆している。関連して最近の研究成果（古川・小野田，未発表）によれば，教師を対象とした調査によって，管理職の姿勢が毅然としていない，管理職は保護者の味方をすると思うことがあると回答している者が，校種に関係なく3割程度存在していることが明らかになっている。以上の研究結果からも，教師と学校を守る代表者として，保護者対応に対する管理職のぶれない姿勢や一貫したリーダーシップはきわめて重要であることが理解できる。

　次に，先述した教師集団の仲間づくりを促進していくためには，管理職が教師集団をまとめる核となる役割を担うミドルリーダーを育成していくことが求められる。近年は，人を育てるというリーダーシップの側面が重視されている（淵上，2009b：2011）。つまり，自主的・自律的に判断できるような教師の育成に対する注目である。この考え方は，コーチング，エンパワーリング，メンタリングなどと呼ばれているが，共通して管理職が教師の成長に強い関心を抱き，

彼らの能力，自律的な意欲や判断力への強い信頼感を基本としている。この人を育てるリーダーシップは，上からの指示待ちではなく，主体的に教師集団をまとめていくミドルリーダーの育成に欠かせない。

　さらにこのような考え方の背景には，ミドルリーダー個人による能動的な働きかけだけでなく，教師どうしの人間関係の重要性に対する認識がある。というのも，職場における人材育成は，管理職が単独で行うものではなく職場の人々の関係性の中で，達成されるからである。したがって，お互いに助け合い支え合う関係，自校のために本音で前向きな議論ができる関係など，教師どうしの信頼関係を基礎とした仕事に対する協働性の構築には，学校内での教師相互による水平的かつ多方向のコミュニケーション回路の確立が必要となる。そこで多方向のコミュニケーション回路を視野に入れながら，今後ミドルリーダーには以下の三つの役割が求められる。まず第一は各部署をつなげることで部署間の連携を行うという横方向への働きかけを中心とした連携力であり，第二は自分の部署内における教職員の意見を集約しながらまとめていくという下方向への働きかけであるチームワーク形成力であり，第三は学校組織のために積極的に提案できるような上方向への働きかけである能動性である。以上のように，学校管理職は教師集団の力量向上を意識化した，主体的なミドルリーダーの育成を心がける必要がある（淵上，2012c）。

4．まとめとして―管理職と教師集団の連携に向けて―

　さて前節で見てきたように，学校管理職が教師を育てるだけでなく，一方で彼ら自身も教師集団から支えられて学校組織力を向上させることが期待できる。最近の研究成果によれば，リーダーシップを含めた校長の日常活動は，教職員の支援次第であり，校長と教師集団は前者から後者への一方向的ではなく，相互影響性をもっていることがわかっている（淵上，2012b）。

　これに関連した学校管理職のストレス研究によれば，管理職のストレス認知には，職務と人間関係に対するコントロール感が大きな影響を及ぼしていることが明らかになっている（信実・淵上・山本，2004，05）。すなわち，自分の仕事や人間関係に対するコントロール感をもてない場合には，その管理職はストレス認知が増大し，結果として意欲喪失やバーンアウトに陥る危険性をはらんでいるといえる。この結果は，学校組織において校長や教頭が自信をもって日常

活動を遂行できるというコントロール感が重要であり，そのような感覚を失うとストレス認知が高まることを明らかにしている。このコントロール感は校長による日常の経営活動やリーダーシップと密接に関連しており，コントロール感の維持は的確な経営活動やリーダーシップ発揮に不可欠といえる。加えてこの研究では，管理職を職務満足度の高いグループと職務満足度の低いグループに分けて分析した結果，職務満足度の高いグループでは，先ほど述べた職務の遂行やコントロール感など，自分が管理職であるという認識，職務を理解し遂行できるという統制感が深く関わっていることがわかった。しかしその一方で，職務満足度の低いグループでは，職務遂行に関わる学校の雰囲気，とりわけ教師集団からの支持的なサポート認知が深く関わっていた。そして以上の傾向は，校長・教頭別，校種別，性別に関係なく見られた。この結果は，職務遂行や仕事に対するコントロール感が満たされることで職務満足度が高まるものの，その基盤的条件として，教師集団による支持的職場風土が必要不可欠であることがうかがえた。このように，教師集団の支持的風土は，校長のぶれない自信をもったリーダーシップの発揮と相互に関連している。

　以上のことからも，校長や教頭など管理職の毅然とした姿勢と教師集団の協働的姿勢の両者がうまくかみ合い連携することによって，学校組織の力量向上が期待できることを示しており，特にこれまで概観してきたように保護者など外部への対応には，両者の連携が必要不可欠であるといえよう。

〈引用文献〉
淵上克義（2005）『学校組織の心理学』日本文化科学社
淵上克義（2009a）「ミドルリーダーを育てる」月刊『悠』5月号　pp.22-23
淵上克義（2009b）「第8章　教師のメンタルヘルス」pp.121-139　小島弘道編『学校経営』学文社
淵上克義（2010）「Ⅸ　学校組織と教師集団」pp.212-241　森敏昭・青木多寿子・淵上克義編『よくわかる学校教育心理学』ミネルヴァ書房
淵上克義（2011）「直言　学校が変わる　ミドルリーダーの育成」日本教育新聞4月18日
淵上克義（2012a）「魅力的な学校づくりと校長・教頭のリーダーシップ」『教育と医学』p.704, pp.27-33
淵上克義（2012b）「第7章　教育臨床」pp.119-135　篠原清昭編著『学校改善マネジメント』ミネルヴァ書房
淵上克義（2012c）「第4章　これから求められる効果的で主体的なリーダーシップ」pp.101-126　古川久敬・山口裕幸編著『先取り志向の組織心理学』有斐閣
古川治・小野田正利（2012）「保護者とよりよい関係を築くためのクレーム対応に関するアンケート調査結果」（日本教育経営学会にて一部発表）
Hoy, W.A., & Sabo, D.J.（1998）*Quality Middle Schools : Open and healthy schools.* Thousand Oaks,

CA. Corwin Press.
貝川直子（2009）「学校組織特性とソーシャルサポートが教師のバーンアウトに与える影響」『パーソナリティ研究』Vol.17，pp.270-279
宮下敏恵（2008）「小・中学校教師におけるバーンアウト傾向とソーシャルサポートとの関連」『上越教育大学紀要』Vol.27，pp.97-105
信実洋介・淵上克義・山本力（2004）「学校管理職の職務上のストレスと職務満足度に関する調査研究」『日本教育心理学会第46回総会発表論文集』p.672
信実洋介・淵上克義・山本力（2005）「学校管理職の職務上のストレスに関する調査研究」『日本教育心理学会第47回総会発表論文集』p.323
岡安孝弘（2006）「中学校の組織特性と教師の心理的ストレス反応に関する研究」『明治大学心理社会学研究』Vol.1，pp.2-11
迫田裕子・田中宏二・淵上克義（2004）「教師が認知する校長からのソーシャルサポートに関する研究」『教育心理学研究』Vol.52，pp.448-457
杉本伸一・淵上克義（未発表）「教師集団の効力感と教職に対するコミットメントの関係に関する研究―学校ごとの分析を通して―」
髙木亮（2006）「教師の職業ストレスに関する研究―教師のストレス，過程，及びストレス抑制要因に関する実証的検討―」 兵庫教育大学連合大学院博士学位論文（岡山大学）

コラム⑧

もめごとから学べること

　保護者との関係がよいにこしたことはないが，うまくいかないことを恐れる必要もない。ピンチはチャンスの言葉もあるが，もめごとにも肯定的な側面がある。人の心のさまざまな傾向が見えたり，学校がよりよい方向に向かうきっかけになったりと，成長の場にも学びの場にもできるものである。
◆もめごとから得る可能性のあること
　　自己理解と他者理解の深まり・組織変革の機会・モラルの向上・新しいアイディア・コミュニケーションスキルの向上・解決できる自信など
◆もめごとに関わる心理的傾向
　①人はもめごとの相手を過大評価しすぎる傾向がある
　　「困った保護者」の正体は，実は不安いっぱいの「困っている保護者」だったりすることも多い。防衛しすぎないように気をつけたい。
　②得策ではないことがわかっても，プライドによりやめられないこともある
　　保護者にしても，方針を変えるのは大変なことである。保護者のプライドを保てる工夫をして，その痛みを和らげることも考えたい。

14章　学校・教職員と保護者間トラブル問題の今後の展望

大阪大学　小野田正利

1．はじめに

　学校（保育園・幼稚園を含み，民間の学習塾もあわせて，子どもを対象とした教育組織の全て）や教職員（同じく教育関係者と総称される）に対する保護者（＝学資負担者）の意識と要求行動が，質的にも量的にも変化し始めてきていると感じ，私が少しずつそれらに関係するデータを集め始めて28年がたった。学校と保護者の間のトラブルが全国各地で多くなり始めていることを聞かされ，「本気で研究しないとだめだ」と決意してアクセルを踏み込み，「イチャモン（無理難題要求）研究」と称して，聞き取りのインタビュー調査，量的傾向を見るアンケート調査を始動したのが2000年。当初は奇異に思われ，いぶかられもしたが，最初の学会発表をしたのが2003年。独立行政法人・日本学術振興会の科学研究費の交付を受けて「学校保護者関係研究会」を立ち上げ，本書の編集責任者となっている古川治先生も加えて，教育学・心理学・福祉学・法律学・精神医学そして危機管理学やクレーム対応などの多種多彩な専門家で研究集会を重ねて7年余が過ぎた。

　そういった意味でこの課題は，もはや学問として成立し得る状況まできたといえる。学校と保護者との間にときとして生じる難しい関係，別の言い方をすればクレームやトラブル，そして紛争，学校側の表現で表すと「保護者対応問題」は，いじめ・不登校・非行や暴力・学級崩壊現象と並んで，今や日本の学校教育課題の一つに数えられる段階にまで達したといっても過言ではない。

　この問題に直面する中で，以前からも散発的にはあったが，特に2007年以降になって，幾つかの学校あるいはそれらを管轄する教育委員会レベルで，それらの対応や向き合い方の腐心が重ねられ，マニュアル（手引き等）の作成や，調整役となる第三者的委員会（学校－保護者問題解決支援組織）が設けられてきた。そしてもう一方では，残念なことに「モンスターペアレント」という用語が，保護者に対して意図的で攻撃的な批判を浴びせる言葉として流布し，今

でも多くの教職員の潜在意識として浸透しているために，保護者との関係で不必要な摩擦を引き起こすことも多くある。

この間，私は多くの外国人から，この「モンスターペアレント」なるものの語源と意味を尋ねられた。欧米でもアジアの各国でも「ヘリコプターペアレント」（わが子に対する過保護や過干渉のあまり，いつもわが子の上空をヘリコプターにように旋回し，わが子に不都合なことがあると急降下して，学校などにクレームを申し立てる保護者）という言葉は，教育関係者の間で共通の用語になっているが，モンスターは初めて聞く用語だ，というものだった。

本書の執筆者たちは，基本的に保護者を「モンスター」という呼称でとらえる立場には立っていない。人の行動には必ず理由（わけ）があり，その行為や行動の正しさや不当性あるいは違法性で議論し（まず話し合うこと），教職員としての落ち度の反省を自覚し，同時に学校ができること・できないことの可能性と限界性を通して問題現象を分析あるいは整理しようと努めている。

2．コミュニケーションと当事者能力

私に求められたものは，こういった問題の「展望（行方）」であるが，最初に結論めいたことを書いておくことにしたい。残念ながら，学校－保護者関係の中に生じるトラブルや紛争は，より拡大していき，かつ複雑な側面を呈することになるであろうという，はなはだ暗い悲観的なものである。それは社会全体の閉塞感と切り離すことのできない裏腹の問題でもあるからであり，そこに何らかの完璧な特効薬を求めるとすれば，劇薬的なファシズム的統制（保護者に普通の要求すら言わせない，あるいはトラブルになった時点でその教職員を排除など）へと結びつくことになっていく危うさがあるからである。

人と人がつくり出す社会は，もともと摩擦やトラブルはつきものなのだ。それをどうやって乗り越えていくか。確かに紛争を整理する一つの手段は，裁判所という機関があるが，それに行き着く前にも第三者の介入等による調整や調停を意味する多種多様な ADR（裁判外訴訟解決）と称されるものもあり，もっとそれ以前にコミュニケーションをどのように図っていくかという，関わりをもつ者どうしの「当事者能力」の発揮が求められている。その底流となる認識と行動の基盤もまた，家庭・地域・学校，より広くは社会の中で培われる広い意味での教育によることになる。コミュニケーション不全によるトラブルは，

しょせんはコミュニケーション能力の向上によってしか，大部分は解決されることはないのだから。

3．目の前30センチの「敵」

　私は2000年前後から，社会全体がきしみ，余裕がなくなり，多様な原因からくる苛立ちやムカつきの矛先が，本来の敵ではないものや，より弱いものへと向かう傾向を強めていることに大きな危惧を抱いていた。特定の組織や人々だけをあげつらい批判する風潮は強まり，断定的で攻撃的な物言いにスカッとしてしまう怖さがある。それゆえ，物事の複雑さをゆっくりとひも解いて，生きづらさの背後にあるものは何なのか，本当は何が問題なのかを語り合い，結びついていくことが大切な時代であろう。当初，教育学の世界からは邪道と感じられるような「イチャモン研究（学校と保護者のよい関係づくり）」を，私が10数年前に本格化させた背景には，このような時代認識があった。

　その立脚点としたものの一つが，社会全体を覆う暗い閉塞感だった。ここに一部の政治家が目をつけ一部マスコミもそれに便乗しつつ，特異なケースあるいは部分的であったはずの問題を「一点突破，全面展開」し，あたかも全てがそうであるかのように批判し始めた。それは公務員批判，教職員バッシングだけでなく，警察も医療も福祉の世界も，およそ例外なくありとあらゆる分野に及んだ。確かに，誤謬や間違いは正される必要があるし，不遜や不誠実は改めてもらうべきものだ。

　しかし，ときとしてそれが合理性をもって正されるべきものを超えた範囲にまで及ぶと，受け手の側はかたくなに身構えるか，過剰防衛や，突っ込まれないように予防線を幾つも張り始める。そのことから，社会全体が内向き志向に走り始め，活力がなくなるとともに，人のもつコミュニケーション能力も枯渇し始める。他方で，不安はいつでも不満という形で進化し始め，目の前30センチ（手を伸ばせばたたくことのできる位置）にちらつく「敵」が憎くてたまらない。しかしそれを攻撃して排除しても，なおも今度は別の敵が30センチ前に現れ続ける。本当は背後にいて「あいつをやっつけろ！　そうすれば，お前たちはもっと楽になれるぞ」とささやいている人物（存在）が問題なのだが，その正体がなかなか見えにくくなっていく。

　保護者と教職員は「敵ではない」のに「敵である」かのように，ときとして

鋭い対立関係へと突き進んでしまう。そういった中で，本来はともに忌憚なく話し合うことで，より「子どもの成長」へとつながるはずであった目的が，傍らに置かれてしまう。まさしく，保護者も学校も「追いつめ」られている。

4．訴訟保険加入者の増加

　教職員側から見たその一つの現れが，訴訟保険（子どもや保護者などから訴えられた場合の，弁護士費用と賠償費用を補償）への加入者の急増ともいえる現象だ。5年前の2007年ごろ，財団法人・東京都福利厚生事業団があっせんし勧誘を呼びかける訴訟保険＝「公務員賠償責任保険」への加入者が，2007年4月の段階で30,700人となり，そのうちの71％（21,800人）が，学校などに勤務する教職員であったことが報じられた（例：2007年5月13日付，毎日新聞）。東京都の場合は3人に1人が，この保険に加入しているという実態にあった。

　それから5年（2012年），名称を変えた東京都人材支援事業団があっせんするこの保険の加入者は42,700人となり，うち7割が学校勤務者だという。つまり東京都では43％の教職員が加入していることになる。東京は，この数字が全てではない。あくまでも人材支援事業団があっせんするものだけでこの数字であるから，別の団体のものも合算すれば，2人に1人の教職員がどこかの訴訟保険に入っていると推測できよう。

　東京都の場合は一般教員も加入する状況であるが，管理職のほとんどが訴訟保険に加入する状況は，この間に大阪府下でも急速に進んだ。同時に地方の道府県でも加入傾向は加速度を増している。教育公務員には国家賠償法があり，私立学校教員には民法の使用者責任規定があるにも関わらず，年額6千円～1万円もの掛け捨て保険である「転ばぬ先の杖」をもとうとする傾向の増加は，今と今後の状況を暗示しているように思えてならない。

　この背景には二つの理由がある，と私は考える。一つは，保護者や地域住民あるいは子ども（卒業生）などから，教職員が直接に訴えられるかもしれないという危機感だ。そしてもう一つは，教育委員会などがこの場合に教職員の後ろ盾になってくれないのではないか，という不信感がある。保険業界もマスコミも煽る中で「不安・不信産業」ともいうべき新たなビジネスが，教育界を覆っている。

5．安物買いの銭失いが消えゆく中で

　人が人相手に行う労働やサービスは，拡大し続けてきた。お店やレストランなどの場合は，商品や料理といった「客観的な具体物」を媒介としている。だが具体物を必ずしも媒介としない，あるいは介在するとしても，そのことが従であり主は人の行為（サービス）そのもので，相手との相互作用に起因する部分が基本となっている労働は，トラブルになった場合には，相当に深刻な事態に陥ることが往々にしてある。これらの代表は，学校や塾といった教育機関のほか，病院での医療行為，老人ホームなどでの介護職などが，すぐに思い浮かぶ。「いい思いをさせてもらった」「ひどい扱いを受けた」という，受け手の主観的要素が大きい労働であり，双方ともに感情のやりとりがある行為だ。

　「満足度の急上昇」という現象が，クレームが普通に口に出せる社会の到来を決定づけている。その背後にある原因を探ってみると，欠陥商品がほとんど出回らないという，恐るべきほどに完璧さが用意されていることが，苦情対応・クレーム処理の迅速さとていねいさを後押ししてきたといえよう。100円ショップの商品ですら，それに耐えられるほどの完成度だ。少なくとも「安物買いの銭失い」は，なくなってきつつあるように思う。見栄えや耐久性はともかくとして，ちゃんと動くし，使えるし「銭失い」はありえない時代となった。

　製品のよしあしや欠陥，それらの製造過程をめぐる不具合やミスは，企業にとって最大限防がなければいけないリスクマネジメントだが，それは基本的に「個人」が責められることはほとんどないように思う。その製品は，会社全体が集団となって作り上げているものだし，個人のミスがあったとしても，それをダブルでトリプルでチェックをすることで，市場に出回ることの防御策がとられるようになっている。

6．一般企業は，苦情はあって当たり前

　車中で隣に乗り合わせた見知らぬ乗客と雑談しながら，イチャモン研究の情報収集をすることがよくある。異業種の方の話は，けっこう参考になる。ある変圧器メーカーで働いている方の話で紹介しよう。この会社では，電柱の上に取りつけてある小さい変圧器から，変電所で使う大型の変圧器までを製造している。二つの工場でAという製品とBという製品をそれぞれ作り，別の工場で

Cに組み立てる。この際，AでもBでも製品のチェックは念入りに行い，Cの段階でも行う。最後に出荷する段階で，製品検査部門で厳しくチェックされDという商品として納品する。こうして，都合4回のチェックがあり，ここまではメーカーの工場部門の責任となる。

このDという商品を宣伝し販売するのは営業部門だ。顧客となる会社を回りながら説明し，取り付けも行う。製品が故障あるいは不具合があった場合は，まず営業担当者がかけつけ，そのクレームを聞いて，それが工場に伝えるべき内容のものか，それともそこで修理できるものかを判断する。工場部門による現場確認とチェックが必要な場合は，現地に出向いて，確認と応急措置，撤収をして，再検査と同時に，次の製造への重要な参考資料とする。

つまりメーカーは，幾度にもわたるチェックをくぐらせると同時に，仮にミスや不具合があった場合には，どこに問題があったかが，比較的容易に割り出せる構造となっている。それは食品への異物混入の場合でも，製造年月日と製品番号（工場が特定）で可能となっている。このことから，各自の持ち場の責任範囲も，きわめて限定的で，どこまでが誰の責任で，どこからどこまでが自分の責任かは，ほぼ明確ともいえる。

そして決定的な意識の違いは，一般企業の場合は，あらかじめ「苦情やクレームが寄せられるのは当たり前」というスタンスのもと，そこからいかにして顧客満足を実現するかという姿勢で苦情対応を行っているということにある。つまり苦情は存在するもので「割り切って」事にあたる体制がある。残念ながら学校などには，この姿勢がなかなか浸透しにくい。このことは6章を執筆している関根眞一さんがよく指摘する「教育に携わる者の性（さが）」ともいうべきものだろう。

加えて企業の側は，ときとしてクレームや苦情を逆手にとって，新たなアイディアや製品の改善に資するだけでなく，新規の顧客の確保につなげるという「ゴール設定の高さ」をモチベーションの一つにしている。単に客からの怒りを収めるように努力するだけでなく，もう一歩上をねらおうというのが，優れた企業の基本姿勢となっていく。ところが学校などはその「ゴール設定が低い」のが実情だ。つまり「苦情を解決することだけが基本」であり，そこからより上の設定が浮かびにくいという現実がある。別の言い方をすれば，マイナスの状況をプラスマイナス0に戻すのを最終目標のゴールと考えているため

「それをやっても元に戻すだけ」と消極的になりがちで，モチベーションも上がりにくいということにつながっていく。それが「やっかいな事案がもち込まれた」と受け取る傾向と無関係ではないように思う。

7．人が人相手に行う労働は常に一定ではない

　生身の人間は，本当に複雑だ。遺伝的要素・成育の歴史・年齢・職業・性格といった，ある程度の固定的なイメージで理解される部分だけではなく，その人の身のまわり（家庭，職場，地域など）で日常的に変化する細かなできごとはいうまでもなく，広くは世界情勢も国内情勢も，近々楽しいことが待っていることの期待感や，マイナス要因としての不安，あるいは阪神タイガースが勝ったかどうかということさえも，その日の行動パターンや士気・意欲に大きな影響を与える。教師として教壇に立った場合でも，生徒たち40人の顔を見渡して，前日とは違った印象を感じる生徒がポツポツと見つかるし，自分自身も昨日とは違う気持ちとなっていることに気がつく。

　およそ，人が人相手に行う作用には，する側の状態と，受ける側の状態という，常に変化する要素があるために，全く同一のサービスを提供することはそもそも不可能ともいえる。つまり製品の場合は，ビタミンC○○ミリグラム，塩分□□％，水分△△ミリリットルというかたちで，相当に細かな設定をする方向に向けての技術革新が進んでいるが，人が行う場合には当然「幅」がある。要はその「幅」に大きなズレがないようにする工夫が必要ということになる。それが安定した質のサービスの提供につながるからだ。

　病院や老人ホームなどの医療職や介護職の場合は，業務マニュアルの詳細化によって，人による「ぶれ幅」を狭くする方法がとられてきた。見習い期間や，各種の研修だけでなく，チーム医療・チーム看護と呼ばれるものが，急速に進んできたことが大きいように思う。これらと比較してみて，学校はやはり違いがある。ひとことで言えば「一人の教師が，全てに対応している部分がきわめて大きい」ということにある。そこにこそ，実は「教えること」と「学ぶこと」の相互作用という醍醐味もある。近年やたらと強調される基礎・基本を超えての応用力の重要性という学力問題も，実は創意工夫が保障される自由がある中で，創造性の発揮や応用的な展開もまた，初めて可能になっていく。もしそれが画一的に決められてしまえば，およそそれは「教育ではなく教化」と変

質し，最悪の事態を招くことになろう。戦前の国定教科書のみによる教材使用と，教師に対するがんじがらめの身分統制はその典型例である。

もちろん学校として，生徒指導の方針（基準）を一致させることは当然必要なものだし，校務分掌などでチームを組んで事に当たることはある。しかし，教える人も多様，学ぶ子どもたちも多様，そこに日々起きる変化も多様という特質を，教育活動はそもそも本質としていることは確認しておく必要がある。問題はこの営みに，苦情やクレームや無理難題要求が割り込んできた際のつらさだ。それは子どもたちからではなく，その保護者からの要求の場合である。

8．「名指し」で個人が責められるつらさ

物を媒介とする仕事，つまり商品を作り販売して消費者のもとに届ける過程では，その商品を作った社員が，その苦情対応を行うことはきわめて少ない。販売者や商店が確認をして，引き取るなり苦情があったことをメーカーに伝え，そこから実際の製造過程の責任問題として各種のチェックや改善が行われていく。クッション的な存在が幾つも存在し，その間をいかにスピーディにつなげていくかがポイントだ。責任逃れはできないが，少なからず苦情問題の「責任の分散」という事実が，対応者の精神的負担を減らしているといえる。

学校などの場合は，苦情の受け手は実際に問題を引き起こしたとされた人（実際は個人の問題ではないことも多い）であり，そこから「個人の問題」ととらえられやすい傾向ももっている。別の言い方をすれば「名指し」で「〇〇先生の対応の仕方が悪いから，こうなった」と言われる傾向が相当に大きい。保護者対応問題で自殺された教師や，うつ病的状況に追い込まれていった事案を，幾つか検討すると，この「名指しでの批判」が最もつらい状況を引き起こしているように思う。そうなると自責の念も強く働くため「自分のせいで……みんなに迷惑をかけている」「私の力が足りなかったから……親御さんは怒っている」と，より個人が抱え込むモードに入っていく。だからこそ「トラブルを抱えていることを他人に知られたくない」という意識を生み出しやすく，周りが気づいたときには「傷が深くなっている」という状態も往々にして起こりやすい。

企業の場合は，苦情対応が担当者の力量を超えてしまった場合などは，比較的容易に上司など，別の人間に代わってもらうことができる。しかし学校では

「選手交代は，相当深刻になってから」行われることが多い。苦情を申し立てる保護者の側からすれば，クラスで起こっていることは担任が対応するのが当然という意識があるため，なかなか担当者が交代するのは難しい。交代するのは，続行不可能となり担任を降りるとか休職や辞職という，きわめて不幸な形となって現れることになる。

　つまり一般企業の場合は，システムとして苦情やクレームに立ち向かう体制が，最初からできあがっているのに対して，学校という場はシステムもあるが，教師個人が「名指し」で責められやすいという特徴があり，それが最もつらい。責任分散ではなく，責任集中という特質が，特定の教師個人が追いつめられやすい傾向を生むことにつながっていくと考える。

9．スイッチが入ったままのつらさ

　生産工場やお店の場合でも，勤務時間は職務に専念する義務があるが，それが終われば「解放」される。ところが学校の場合は，交替要員がいるわけではないつらさがある。病院も老人ホームも，勤務時間として8～10時間の勤務時間中はその職務に専念するが，それが終われば「解放される」時間が待っている。スイッチがちゃんと「切れる」。日勤の看護師の場合は，準夜勤務の看護師へ，次は夜勤の人にというように「責任のバトンリレー」が行われる。むろん勤務終了後に，気になる患者の状態に思いをはせることはあるかもしれないが，そこには「責任がつきまとってはいない」という状態だ。

　しかし学校は「スイッチがいつも入ったまま」の状態が，往々にして起きる。生徒の問題行動，あるいは保護者とのトラブルが長引いていた場合は，精神的にも追いつめられ「いつ何が起きるか」の戦々恐々とした時間が過ぎていく。退職した校長や教師が言う。「あの頃は本当に臨戦体制だった。晩酌などもやめていた。気分が乗らないだけではなく，いつどこから連絡があるかわからなくて，家から出かけなければいけないことも多かったからだ。枕元に携帯電話をいつでも取れるようにして置いていた」と。携帯電話を手放せない，出張に出ていてもクラスのことが気になる，家族旅行の最中も気分転換ができにくい，などなど。気の休まるときがない。高度の緊張状態が長く続くような大きな精神的負担感の重圧がかかっている。

　もちろん会社経営者や，責任ある部署の長も，こういったことにさいなまれ

ることはあるだろう。ここで言いたいのは，教師の場合は，ほぼ全員がそれに近い状態に置かれることがよくある，ということだ。加えて，多くの企業では，苦情対応を専門に仕事としている人がいたりもする。この存在があるかないかは，きわめて大きい。学校には，苦情対応を専門にしているプロの人はいない。教頭や生徒指導担当者が，それらに当たることは多くあるが，他の雑多な膨大な仕事を抱えながらの同時並行作業となっている。担任も同じで，ふだんの仕事とあわせて，苦情対応を行わなければならないために，負担や抵抗感が強くなる傾向を生み出す。それがさらに本来業務である教育指導に多大のマイナスの影響を及ぼし，注意力が散漫になるために，より悪循環の構図に入りやすい。

10. 複数の子どもが介在しているというつらさ

　最後に，病院とも老人ホームとも決定的に異なる要素は，「成長・発達の途中にある子どもたちが常に介在している」という最もやっかいな難しさが指摘できる。「子どもたち」と複数形にしたのは，保護者対応トラブルの場合，単独の子どもで起きることはきわめて少なく，他の子どもたちが大なり小なり関係している。それにも配慮しつつ事に立ち向かわなければいけないつらさがある。

　病院では，同室の他の患者が関係することはあろうが，病室の配置を替えるということで相当に改善するし，当人どうしの運動量やエネルギーは，ありあまるほどの動き方をする子どもの比ではない。また基本的に患者とその家族，病院側の当事者という単純な関係で，解決の見通しが立てられていく。

　学校はそうはいかない。関係者が多数になることによって，複雑さは等比級数的に膨れあがる。つかんだ事実を全部オープンにすればいいという，病院やホームではときとして可能なことが，学校では不可能なことが多い。秘密の厳守の程度はどこまでか，伝えるべきことは何か，誤解のないように，しかし相手を傷つけないような話し方の工夫をどうしたらよいか，ましてや完成された人格ではない子どものことでもある，ということも配慮しなければいけない。

　子どもたちどうしの関係だけなら，毎日学校に通う存在なので，いろんな作戦を教師が立て，少しずつあるいは一気にトラブルを解決することは可能だ。しかし保護者は毎日学校に来る存在ではないし，その人の都合のいいときに学校との交渉の場がもたれる。トラブル解決の見通しも立てにくく，時間もかか

る。加えて，その間に最初の本来的な当事者であった子どもたちは，大人たちのトラブルの背後に隠れて当事者でなくなってしまうことも往々にしてある。

　そもそも最初から複雑な方程式を解いていくうちに，変数が新たに加わり，解くべき方程式も変化してしまう。他業種との比較をしながら，まさに「生もので生きものの学校トラブル」は，いちばん困難な状態にあるのではないか。

11. 不安感は増し，多様な局面が広がりつつある

　時事通信社『内外教育』の協力を得て，2012年5月に全国の学校（37,049校）に対して「学校運営上の問題に関するアンケート」（回収率18％）を行った。「昨年1年間で，あなたの学校（教育委員会）で，保護者とのトラブルについて，学校だけでは解決困難なケースがありましたか？　ここでの解決困難なケースとは，①理不尽な要求等が繰り返し行われ，かつ②学校での対応には時間的・精神的に限界があることを指す」と条件を限定して尋ねた。回答のあった学校（主として管理職）のうち，1,571人（23.5％）が「あり」と答えている。同一調査を，東京都教育委員会が2008年に行っているが，そこでは都下の学校2,418校中，234校（9.7％）であった。私の行ったものは，全数から回答があったわけではないので単純比較はできないが，①全国的に解決が相当に難しい保護者対応問題が起きていること，②その発生率が上昇していることは，ほぼ間違いないといえる。

　これに伴い，学校教師の不安感が高まっていることの一端は，前述した訴訟保険への加入増という現象で示したが，他方では「辞職を考えるリスクが高まる」傾向も合わさっている。次ページの表は，先の『内外教育』調査の設問の中で，辞職への意識と困難な保護者対応ケースを経験したかのクロス結果である。「よくそう思う（思った）」が6倍強にも及び，「時々そう思うことある（あった）」でも2倍もの格差が生じ，この傾向は憂慮すべき段階にまできている。

　全国各地からの要請があり相談も受けてきたが，私が本格的に保護者対応トラブルのデータを集め始めた10数年前より以上に，事案が複雑化していることも指摘しておく必要がある。実にささいなことが，大きな問題になることは，幾つもあるが，子どもどうしの話し合いですむようなことが，あっという間に保護者どうしのトラブルに発展していき，その変化のたびごとに学校が責任を

追及され，翻弄され続けていく。あるいはもともと保護者の問題であったものが，子どもの問題に形式上はすり替えられ，学校も手をこまねいたまま，時間だけが過ぎていく傾向を強めている。そうかと思えば，学校は蚊帳の外に置かれたまま，保護者どうしの対立がトラブル状態だけで終わらずに訴訟合戦をすることも起き始めている。

スクールカウンセラーからも，ソーシャルワーカーからも，本来業務として「子どもと向き合う」こと以上に，いやその前段階として保護者トラブルが山のように積み重なっているという報告を何度も受けたし，事実そういったデータも徐々に示されるようになった。生徒指導の問題が保護者対応問題に，教育相談の課題が保護者対応問題に転化していく現実だけが，急速に進んでいく。まさしく，保護者対応問題の背後に，子どもに支援すべき教育課題が横たわり，子どもの問題行動の背後に保護者対応の問題がある，といって過言ではない。

どこかの時点で学校や教職員の「限界設定」を訴えなければいけないのかもしれない。しかし，それは社会の学校に対する期待やまなざしの変化と，その代替機関がどこにあるのかという重い課題と，背中合わせにある。

表 「過去1年間に，保護者対応で解決困難なケースがあったかどうか」と「教師を辞めたいと思ったかどうか」のクロス結果 ($n = 6,855$)

ケースに遭遇＼教師を辞めたい	よくそう思う（思った）	時々そう思うことがある（あった）	辞めようとまでは思わないが，精神的に負担だ	そのように思う（思った）ことはない
ある	3.8%	13.1%	63.0%	20.1%
ない	0.6%	6.5%	47.3%	45.6%
総計	1.3%	8.0%	51.0%	39.6%

【編者紹介】

古川　治（ふるかわ　おさむ）

略歴
1948（昭和23）年，大阪府生まれ
1973年以降，大阪府箕面市立萱野小学校教諭，箕面市教育委員会指導主事，箕面市教育センター所長，箕面市立豊川南小学校校長，豊中市立北条小学校校長，箕面市立止々呂美中学校校長，東大阪大学こども学部教授・学科長等を歴任
現在―甲南大学教職教育センター特任教授
専攻―教育方法学，教育経営学，教育社会学，生徒指導・人権教育論，教師教育学
著書―『教育改革の時代』（東京書籍），『自己評価活動が学校を変える』（明治図書），『過渡期の時代の学校』（日本教育新聞社），『指導要録解説と記入方法』（小・中学校編　文溪堂），『学びと育ちの評価―全国通知表調査』（共編著　日本教育新聞社），『ティームティーチングの教育技術』（共編著　明治図書），『これからのティームティーチング』（小・中学校編，共編著　東京書籍），『新しい学力観に立つ評価のあり方』（共編著　東京書籍），『総合的な学習を生かす評価』（小・中学校編，共編著　ぎょうせい），『教職に関する基礎知識』（共編著　八千代出版）など

学校と保護者の関係づくりをめざすクレーム問題
―セカンドステージの保護者からのクレーム対応―

2013年4月23日　初版第1刷発行

編著者　古川　治
発行者　小林一光
発行所　教育出版株式会社

101-0051　東京都千代田区神田神保町2-10
電話 03-3238-6965　Fax 03-3238-6999

©O. Furukawa 2013　　　組版　ビーアンドエー
Printed in Japan　　　　印刷　神谷印刷
乱丁・落丁本はお取替いたします。　製本　上島製本

ISBN978-4-316-80359-3　C3037